H 行业战略·管理·运营书系

反向知识溢出与
创新绩效

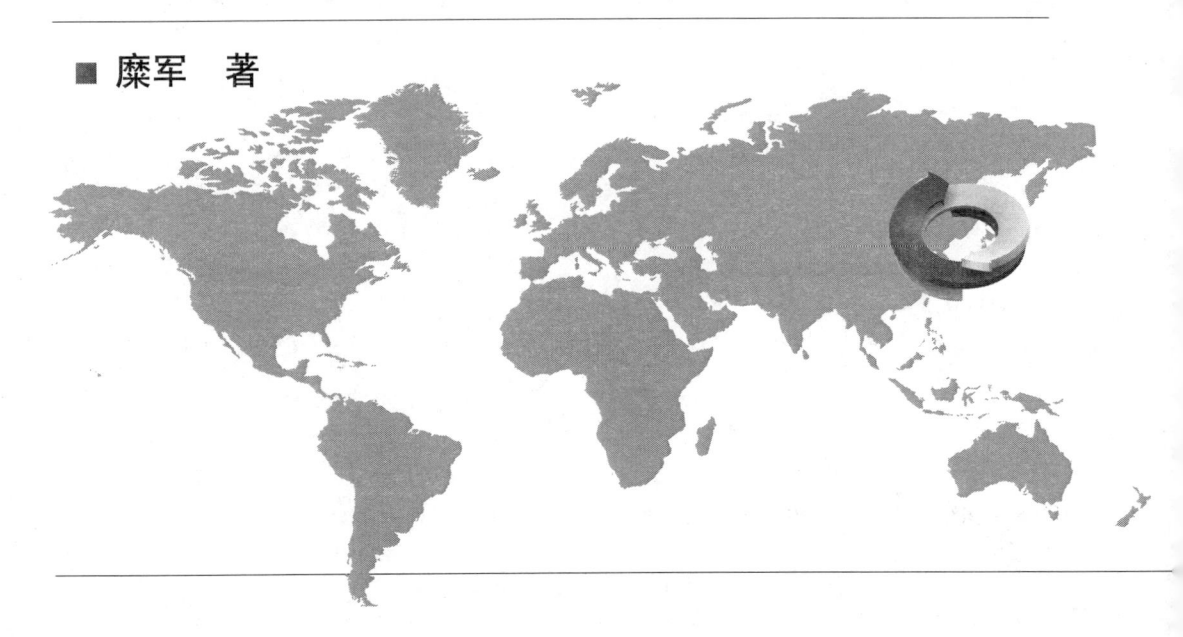

■ 糜军 著

知识产权出版社
全国百佳图书出版单位

图书在版编目（CIP）数据

反向知识溢出与创新绩效 / 糜军著 . —北京：知识产权出版社，2016.6
ISBN 978－7－5130－3097－7

Ⅰ.①反… Ⅱ.①糜… Ⅲ.①跨国公司—企业管理—知识管理—研究—中国 Ⅳ.①F279.247

中国版本图书馆 CIP 数据核字（2014）第 241142 号

内容提要

本书在研究我国跨国企业对外投资与创新绩效关系的过程中，首先重点研究的是反向知识溢出机制所起到的关键作用，并从吸收能力角度来分析我国跨国企业反向知识溢出效应实现程度的差异。其次，本书根据相关的理论和文献回顾，提出了包括反向知识溢出及其作用机制、吸收能力和企业创新绩效这些要素在内的概念模型，并在此基础上，选取了万向、联想和 TCL 集团海外投资的案例进行比较和分析，从企业实践的角度验证了企业绩效、外部知识获取和知识吸收能力之间的关系。最后，本书利用问卷调查的方式，实证分析了我国跨国企业知识吸收能力、反向知识溢出与创新绩效之间的关系。

责任编辑：张水华　　　　　　　　　　　责任出版：孙婷婷

反向知识溢出与创新绩效

糜军　著

出版发行	知识产权出版社有限责任公司	网　址	http：//www.ipph.cn
社　址	北京市海淀区西外太平庄 55 号	邮　编	100081
责编电话	010－82000860 转 8389	责编邮箱	miss.shuihua99@163.com
发行电话	010－82000860 转 8101/8102	发行传真	010－82000893/82005070/82000270
印　刷	北京中献拓方科技发展有限公司	经　销	各大网上书店、新华书店及相关专业书店
开　本	720mm×1000mm　1/16	印　张	12
版　次	2016 年 6 月第 1 版	印　次	2016 年 6 月第 1 次印刷
字　数	200 千字	定　价	39.00 元
ISBN 978－7－5130－3097－7			

出版权专有　侵权必究
如有印装质量问题，本社负责调换。

目 录

第1章 引 言

1.1 问题的提出 ·· (1)
1.2 研究意义 ·· (2)
    1.2.1 理论意义 ·· (2)
    1.2.2 现实意义 ·· (3)
1.3 基本概念界定 ·· (4)
    1.3.1 反向知识溢出概念 ······································ (4)
    1.3.2 吸收能力概念 ··· (10)
    1.3.3 创新绩效概念 ··· (11)
1.4 研究方法和技术路线 ·· (12)
    1.4.1 研究方法 ··· (12)
    1.4.2 技术路线 ··· (12)
1.5 研究内容和创新点 ·· (13)

第2章 理论和文献回顾

2.1 国际直接投资理论 ·· (16)
    2.1.1 传统的对外直接投资理论 ······························· (16)
    2.1.2 资产寻求型对外直接投资理论 ··························· (18)

  2.1.3 相关文献评述 …………………………………………（26）
2.2 企业吸收能力理论 …………………………………………………（27）
  2.2.1 吸收能力的过程维度 …………………………………（28）
  2.2.2 吸收能力的成因维度 …………………………………（29）
  2.2.3 吸收能力的调节作用 …………………………………（40）
  2.2.4 相关文献评述 …………………………………………（43）
2.3 后进企业技术追赶理论 ……………………………………………（43）
  2.3.1 OEM—ODM—OIM/OBM 模式 ……………………（44）
  2.3.2 引进—模仿—创新模式 ………………………………（44）
  2.3.3 关联、杠杆和学习模式 ………………………………（45）
  2.3.4 五种技术发展路径理论 ………………………………（46）
  2.3.5 相关文献评述 …………………………………………（48）
2.4 反向知识溢出效应研究 ……………………………………………（48）
  2.4.1 反向知识溢出存在性研究 ……………………………（49）
  2.4.2 反向知识溢出与投资母国企业技术进步 ……………（53）
  2.4.3 相关文献评述 …………………………………………（56）

第3章 我国企业对发达国家投资与创新绩效

3.1 我国企业对发达国家投资的发展现状 ……………………………（58）
  3.1.1 我国企业对发达国家投资的动因 ……………………（58）
  3.1.2 我国企业对发达国家投资地区和行业分布 …………（62）
  3.1.3 我国企业对发达国家投资主体 ………………………（65）
  3.1.4 我国企业对发达国家投资方式 ………………………（66）
3.2 我国企业向发达国家投资对创新绩效的作用机制及影响因素研究 …（69）
  3.2.1 我国企业向发达国家投资对创新绩效的作用机制研究 ……（69）
  3.2.2 相关影响因素研究 ……………………………………（74）
3.3 本节的概念模型 ……………………………………………………（78）
3.4 我国企业向发达国家投资对创新绩效影响的实证研究 …………（80）

3.4.1　模型设定 ·· (80)
　　3.4.2　数据来源 ·· (81)
　　3.4.3　门槛效应检验结果 ·· (81)
　　3.4.4　结果讨论 ·· (86)

第4章　我国企业对发达国家投资案例研究

4.1　万向集团海外投资 ··· (87)
　　4.1.1　万向集团获取的知识价值和特征 ·························· (88)
　　4.1.2　万向集团的知识吸收能力 ································· (90)
4.2　TCL集团海外并购 ·· (94)
　　4.2.1　TCL集团获取的知识价值和特征 ·························· (94)
　　4.2.2　TCL集团的知识吸收能力 ································· (96)
4.3　联想集团并购IBM PC部门 ····································· (100)
　　4.3.1　联想集团获取的知识价值和特征 ·························· (101)
　　4.3.2　联想集团的知识吸收能力 ································· (101)
4.4　万向、TCL和联想对发达国家投资案例比较和分析 ··········· (103)

第5章　我国企业对外投资反向知识溢出效应实证研究

5.1　研究假设 ·· (106)
5.2　问卷设计和样本选取 ··· (113)
　　5.2.1　问卷设计 ·· (113)
　　5.2.2　样本的选取 ·· (114)
5.3　变量的测度 ·· (115)
　　5.3.1　反向知识溢出的测度 ······································ (115)
　　5.3.2　吸收能力的测度 ··· (117)
　　5.3.3　企业创新绩效的测度 ······································ (124)
　　5.3.4　控制变量 ·· (127)

5.4 实证分析 ··· (127)
　　5.4.1 问卷的发放与回收 ··· (127)
　　5.4.2 受访者个人基本情况 ··· (128)
　　5.4.3 受访企业基本情况 ··· (129)
　　5.4.4 问卷信度和效度检验 ··· (130)
　　5.4.5 变量的描述性统计 ··· (136)
　　5.4.6 计量模型构建 ··· (136)
　　5.4.7 实证结果 ··· (139)
5.5 结果讨论 ··· (148)

第6章 结论和政策建议

6.1 结论 ··· (150)
6.2 政策建议 ··· (150)
6.3 研究展望 ··· (154)

参考文献 ··· (156)
附录 "我国企业对外直接投资反向知识溢出"问卷调查 ················· (182)

第1章 引 言

本章分为五部分，包括问题的提出、研究意义、基本概念界定、研究方法和技术路线以及研究内容和创新点。

1.1 问题的提出

2000年，我国政府正式提出"走出去"战略，积极鼓励国内企业实施国际化战略，充分利用国内、国外两个市场、两种资源，进而促进整个国民经济可持续发展。近几年来，我国企业对外直接投资金额迅速增长，尤其是2007年美国次贷危机的爆发为我国企业"海外抄底"提供了难得的机会。发达国家为了刺激本国经济复苏，纷纷采取措施积极改善投资环境以吸引外国投资，而且处于经营困境的当地企业愿意以较低的价格将亏损部门分离出去。我国企业对外直接投资流量由2007年的265亿美元急剧增加到2008年的559亿美元，增幅为110.9%，而其对外投资存量由2007年的1 179.1亿美元上升至2008年的1 839.7亿美元，增幅为56%。同时，我国企业对发达国家的投资规模也在不断增大。其中，对15个主要发达国家投资存量由2007年的103.62亿美元扩大到2008年的143.37亿美元，增幅为38.36%。[1]

传统的对外直接投资理论认为，企业对外直接投资的前提条件是具有垄断优势。只有当企业拥有垄断优势，才能抵消海外投资风险，并在与当

---

[1] 数据来源于《中国商务年鉴》，其中15个发达国家包括加拿大、美国、日本、韩国、丹麦、法国、德国、意大利、荷兰、西班牙、瑞典、英国、新加坡、澳大利亚和新西兰。2008年我国企业对这些国家直接投资存量均在5 000万美元以上。

地企业的竞争中占据优势地位，但是这个理论并不能解释我国企业对发达国家逆向投资的现象。自从 Kogut 和 Chang（1991）开创性地研究技术寻求型对外投资后，以对外直接投资的方式实现反向知识溢出已得到了理论界的普遍认可，而且在实践中也被我国企业对外投资案例所验证。中国国际贸易促进委员会信息部在《2009 年中国企业对外投资现状及意向调查报告》中发现，除了扩张海外市场以外，化工企业、机械设备制造企业和信息技术企业等国内企业均将获取先进技术和管理经验列为海外投资的主要目标之一。

我国跨国企业通过开展海外投资，获取和利用东道国的外部知识，其成效并不一致。一些跨国企业利用反向知识溢出效应，显著提高了自身的创新绩效，而另一部分企业却没有达到预期的效果。那么如何提高反向知识溢出效应实现程度，从而改善企业绩效水平，已成为我国跨国企业海外投资迫切需要解决的难题。反向知识溢出的影响因素包括东道国当地企业技术能力、溢出方的控制能力和意愿、接受方的吸收能力、宏观环境因素等。其中，投资企业吸收能力是影响反向知识溢出的关键因素。Cohen 和 Levinthal（1990）将吸收能力定义为：企业感知新的外部知识价值，吸收和消化，并将其应用于商业目的。Zahra 和 George（2002）认为吸收能力指的是通过一套组织的惯例和流程来获取、吸收、转化、利用知识，产生动态组织能力的过程。从现有文献来看，吸收能力不仅直接影响企业的绩效，而且在反向知识溢出影响企业绩效水平过程中起到了调节作用。然而，研究学者对投资企业吸收能力研究只局限于宏观层面，忽略了企业组织层面研究。因此，本书以问卷调查的方式，全面、系统研究我国跨国企业对发达国家逆向投资的现状，并深入剖析实现反向知识溢出效应的微观机制，从而为企业获取竞争优势提出可行的建议方案。

1.2 研究意义

1.2.1 理论意义

目前，我国的投资发展状态处于以吸引外资为主、对外投资为辅，向探索国际双向投资中级平衡过渡的阶段（林青和陈湛匀，2008）。外商在华直接投资规模远远超过我国企业海外投资规模。由于投资的失衡，国内学者在此阶段主要关注的是外商直接投资对我国经济增长的影响，尤其是我国的"市场换技术"发展战略是否获得了预期效果，而较少关注我国跨国企业对外投资对创新绩效的影响。因此，进一步明晰我国企业海外投资对创新绩效的作用机制以及相关影响因素，这对于我国后进企业实现技术追赶有着重大的战略意义。

我国跨国企业主动"走出去"，在发达国家实施直接投资以获取重要的智力和信息资源，从而提升企业的创新绩效。其中，反向知识溢出机制起到了关键的作用。然而，国内学者从20世纪90年代后期才开始关注反向知识溢出机制，在该领域的研究起步较晚，尚未建立完整的理论研究体系，而且其实证研究也存在诸多不足。他们主要基于宏观层面，利用二手数据开展实证分析，并没有深入到企业组织层面来探讨反向知识溢出的微观机制。同时，现有文献更为关注的是投资企业在东道国获得的反向显性知识溢出，而隐性知识作为企业构建竞争优势的重要来源，由于其难以测度，而常常被研究学者们所忽略。因此，本书基于企业组织层面来研究反向知识溢出效应，包括反向显性知识溢出和反向隐性知识溢出，这有利于进一步明晰反向知识溢出对企业创新绩效的微观作用机制。

吸收能力是实现反向知识溢出的前提条件。然而现有文献的相关研究以定性居多，对吸收能力的构成和作用还存在一定程度的争议。因此，本书在查阅了大量的研究文献基础上，根据成因维度将企业吸收能力分为基于研发资本维度的吸收能力、基于人力资本维度的吸收能力、基于社会资本维度的吸收能力和基于组织资本维度的吸收能力。同时，通过概念界定和调查问卷测量项目设计，对反向隐性知识溢出和反向显性知识溢出加以区分，利用回归方法对吸收能力在反向知识溢出影响创新绩效过程中的调节作用进行了实证检验。因此，本书的研究具有较强的理论意义。

1.2.2 现实意义

目前，我国政府部门希望通过"大力开发低碳技术，推广高效节能技术，积极发展新能源和可再生能源"，努力推动经济发展模式向低碳经济转型。经济发展模式的转变依赖于能源结构和产业结构的调整和优化，其中关键是技术创新。然而与发达国家相比，我国技术积累不足，高素质人才缺乏，导致技术创新能力水平低下。而且，我国企业大多为承接发达国家转移成熟的劳动密集型产业而逐步发展起来的，在国际分工体系中处于低附加值的生产加工环节。西方跨国企业则牢牢控制着研发和销售这样的高附加值环节，他们不仅采取独资化等方式对技术转移的过程加以控制，还通过"挤出"和"替代"效应抑制我国企业的技术创新。这不仅加深了我国对西方跨国企业的技术依赖，而且还会使我国企业始终被锁定在全球产业链中的低附加值环节，成为西方跨国企业廉价的加工基地，其技术创新能力也会在不同程度上被削弱，最后产生产业升级路径依赖现象。因此，只有我国跨国企业主动"走出去"，以对外直接投资的方式在发达国家获取重要的战略资源，才能打破产业升级路径依赖，实现产业结构优化升级。

总体上，我国跨国企业对发达国家投资占对外总投资金额的比重较小，投资的产业结构并不合理，对高技术行业的投资规模偏小，对外部先进知识的吸收和消化仍不充分。因此，如何合理地利用全球科技资源以提高企业的创新能力，这已成为企业和政府部门决策者关注的重点。发达国家企业将非核心的生产经营环节分离以及美国次贷危机的爆发，都为我国跨国企业海外投资提供了很好的机遇，尤其并购那些仅仅因为经营管理不善而处于困境的东道国企业，不但能以较快的速度获取先进的专利技术，而且可以有效融入东道国企业已有的社会网络，接近外部知识源。例如：万向集团收购舍勒、洛克福特和PS等美国汽车零部件供应商，不仅延伸了企业产业链，还扩大了企业海外市场份额，取得了很好的绩效。

本书从吸收能力的角度，探讨我国跨国企业如何有效获取东道国的反向知识溢出，以及促进企业创新绩效提高，并为我国政府部门有针对性地制定相关政策提供理论依据。因此，本书研究有着重要的现实意义。

1.3 基本概念界定

1.3.1 反向知识溢出概念

（1）知识的定义和分类

不同的学者对知识的定义有所差异。柏拉图认为知识就是真理，知识

第1章 引言

就是理性的作品。培根认为真正的知识就是对外界事物的客观反映。德鲁克认为知识是一种能够改变某些人或事物的信息——这既包括使信息成为行动的基础的方式，也包括通过对信息的运用使某个个体（或机构）有能力进行改变或进行更为有效的行为的方式。《韦伯词典》认为，知识是通过实践、研究、联系或调查获得的关于事物的事实和状态的认识，是对科学、艺术或技术的理解，是人类获得的关于真理和原理的认识的总和。《现代汉语词典》认为，知识是人们在改造世界的实践中所获得的认识和经验的总和。廖盖隆等（1993）认为，知识是来自社会实践的人类认识的成果，是在实践基础上产生又经过实践检验的对客观实际的正确反映。车文博（2001）认为，知识是人对客观现实认识的结果，反映客观事物的属性、联系和关系，常以经验或理论的形式存在于人们的头脑中，也通过物化储存于书本中或其他人造物中。金炳华（2003）认为，知识是人类认识的成果或结晶，包括经验知识和理论知识，经验知识是知识的初级形态，系统的科学理论是知识的高级形态。知识通常以概念、判断、推理、假说、预见等思维形式和范畴体系表现自身的存在。人的知识（包括才能）属于人的认识范畴，是在后天的社会实践中形成的，是对现实的真实或歪曲的反映。刘树成（2005）认为，知识是通过人脑的活动，加工来自实践（包括科学实验）的经验而得到的成果。这是知识的一般意义。知识只有被作为生产要素投入经济活动中，其使用能够直接形成产品或提高生产要素的使用效率，才能成为经济学意义上的知识。

研究学者们从知识的表达方式、客观内容、获取方式和发展阶段等多个角度对知识进行分类。廖盖隆等（1993）认为，知识可以概括为三大类：有关自然界的各种专门知识即自然科学；有关人类社会的各种专门知识即社会科学；有关人类思维的各种专门知识即思维科学。也可以概括为两类：对某些事实的判断和描述的日常知识；通过一定的科学概念体系来理解和说明事物的科学知识。科学知识有经验的和理论的两种。经济合作与发展组织（OECD）1996年在《以知识为基础的经济》报告中引用了西方20世纪60年代关于知识的四种分类：第一，关于"是什么"的知识（Know-what）；第二，关于"为什么"的知识（Know-why）；第三，关于"怎样做"的知识（Know-how）；第四，关于"谁来做"的知识（Know-

反向知识溢出与创新绩效

who)。车文博（2001）认为，知识具有不同的心理表现形式：第一，表现为感觉、知觉；第二，表现为事物的概念、法则；第三，表现为表象、观念等。从深度上看，有感性知识和理性知识之分，前者是对事物外部特征、联系的反映，后者反映事物内在的属性和联系。从反映事物的广度看，分成一般知识（对一类事物的认知）和特殊知识（对个别事物的认知）。刘树成（2005）认为，知识包括零散的经验知识和系统的理论知识。现代信息技术能够对可以表达为信息的知识作数字化编码处理，知识也就相应地分为可编码知识和不可编码知识两大类。知识也可以从学习别人的经验中获得。直接从实践中获取的知识，要花费较多时间和精力，这种知识是创造知识；从别人那里学习知识，相对来说较为省时省力，这种知识是模仿知识。知识不会因为使用而损耗，知识产品可以用很低的成本大量复制。

在所有的知识分类中，Polanyi（1958）提出的显性知识和隐性知识概念已受到越来越多的学者重视。他按照知识的表达方式将其分为两类，其中，显性知识是书面文字，是图表和数学公式表述了的知识；而隐性知识则是尚未被言语或其他形式表述的知识。其他学者在此基础上做了进一步的研究。德鲁克认为，隐性知识是不可用语言来解释的，它只能被演示证明它的存在。国内学者王方华（1999）指出，显性知识是指那些能够以证实的语言明确表达的，表达方式可以是书面陈述、数字表达、列举、手册、报告等。这种知识能够正式地、方便地在人们之间传递和交流。而隐性知识是建立在个人经验基础之上并涉及各种无形因素如个人信念、观点和价值观的知识，是高度个性化的，难以公式化和明晰化。隐性知识分为两类：一是技术方面的隐性知识，包括非正式的难以表达的技能、技巧和诀窍。另一类是认识方面的隐性知识，包括心智模式、信念和价值观。日本野中郁次郎教授在 1995 年出版的《知识创新型企业》一书中强调了企业中显性和隐性知识相互影响、相互转化的动态作用过程。他将这个过程分为四个阶段——社会化（隐性知识向隐性知识的转化）、外在化（隐性知识向显性知识的转化）、整合（显性知识之间的整合）和内部化（显性知识到隐性知识的转化），并认为企业组织知识的创造是一个螺旋上升的过程，见图1-1。

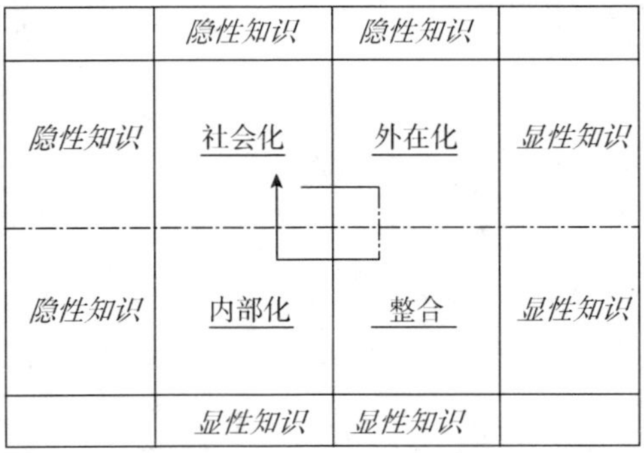

	隐性知识	隐性知识	
隐性知识	社会化	外在化	显性知识
隐性知识	内部化	整合	显性知识
	显性知识	显性知识	

图1-1 SCEI模型

资料来源：LKUJIRO NONAKA. The Knowledge-Creating Company [J]. Harvard Business Review, 1991, 11-12.

（2）反向知识溢出的概念

从20世纪60年代起，知识溢出效应就开始引起了国外学者的关注。Arrow（1962）首先提出"干中学"和"学习曲线"两个重要概念，他认为知识是投资的副产品，是具有"溢出效应"的公共产品。Griliches（1992）将知识溢出定义为通过模仿从其他企业的创新研究中得到更多的收益。他将知识溢出分为物化形式和非物化形式的溢出，物化溢出是商品购买同时附带的知识或蕴涵在商品中其他形式的知识，非物化溢出与商品的流通无关。De Bondt（1996）定义知识溢出为企业研发投资战略的副产品。Caniels（2000）认为，知识溢出是通过信息交流而获取智力成果，并且不给知识的创造者以补偿，或给予的补偿小于智力成果的价值。Norman和Pepall（2002）认为，知识溢出是产业中没有任何纸面痕迹的生产率或产品的改进。知识溢出是技术改进，如产品设计或性能方面的改变，或生产系统的升级，或开发新客户的结果。这些改进并不能成为专利，由此通过溢出得以便利地被其他企业或产业应用，有关这些改进的知识通过不同渠道在企业间传播，如人员流动、投入品（中间产品）、客户或非正式会谈等。Fallah和Ibrahim（2004）从个人、企业和国际层面对知识转移和知识溢出进行了比较分析。他们认为，如果企业之间开展有意识的信息交流，那么这就是知识共享或知识转移，如果是无意识的，那么就是知识溢出，并建立了一个隐性知识转移（溢出）的理论模型，见图1-2。

反向知识溢出与创新绩效

Branstetter（2006）认为，知识溢出是这样一个过程：一个发明者从别人的研究成果中学习知识，能够加强自身的研究效率，而且没有完全给予其他发明者补偿。

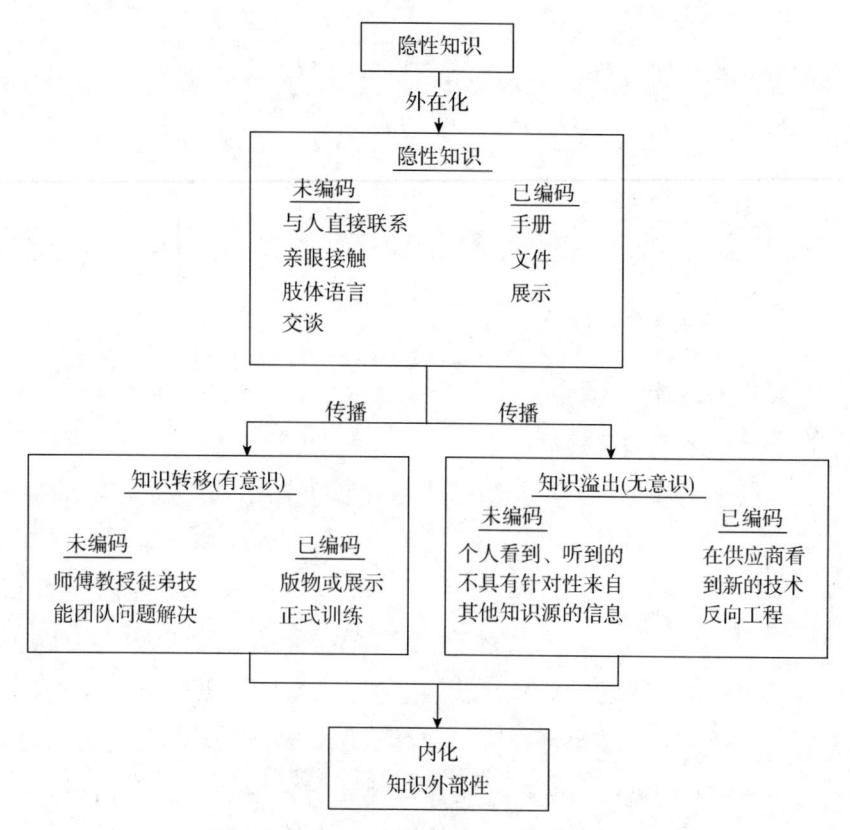

```
                    ┌──────────┐
                    │  隐性知识  │
                    └─────┬────┘
                       外在化
                    ┌─────▼────────────────┐
                    │       隐性知识        │
                    ├──────────┬───────────┤
                    │ 未编码    │ 已编码    │
                    │ 与人直接联系│ 手册     │
                    │ 亲眼接触  │ 文件      │
                    │ 肢体语言  │ 展示      │
                    │ 交谈     │          │
                    └────┬─────┴─────┬─────┘
                       传播         传播
            ┌──────────▼──┐    ┌────▼──────────────┐
            │ 知识转移(有意识)│    │ 知识溢出(无意识)    │
            ├───────┬─────┤    ├────────┬──────────┤
            │未编码  │已编码│    │未编码   │已编码     │
            │师傅教授徒弟技│版物或展示│个人看到、听到的│在供应商看│
            │能团队问题解决│正式训练│不具有针对性来自│到新的技术│
            │       │     │    │其他知识源的信息│反向工程 │
            └───────┴──┬──┘    └────────┬──────────┘
                      │                │
                      └───────┬────────┘
                         ┌────▼────┐
                         │  内化    │
                         │ 知识外部性│
                         └─────────┘
```

图 1-2 知识转移和知识溢出模型

资料来源：FALLAH, H., IBRAHIM, S. Innovation and dynamics of knowledge creation. paper presented at the 4th International Conference on Knowledge [J]. Culture and Organisational Change, London: University of Greenwich, August, 2004.

从 20 世纪 90 年代末开始，国内学者也从不同角度对知识溢出的概念做了界定。谢富纪和徐恒敏（2001）认为，知识溢出是指一个部门在对外经济、业务交往中，其知识会自然输出和外露。知识溢出有两种类型。第一类是"分裂式"溢出，它与部门之间的实物流有关。其含义是，由于产品创新、竞争压力和需求弹性等原因，一种新产品的价格往往很难完全反映其价值。如果该产品被另一部门作为生产的投入品，后者就会获取产品创新的部分溢出成果。这两类知识溢出被称为"纯知识"溢出，此类知识溢出不直接与实物流相关,而是通过其他渠道进行的,比如专利信息、反向工程、研究人员在部门间进行流动等。孙兆刚等(2005)指出,知识溢出是知识扩散的一种方式,一般通过无意识或非自愿的方式传播出来,溢出的知识被他人占有或使用并产生新的知识和技术。胡峰和胡靖(2006)指出,知识就其本性而言是"非排他的",但就其产权而言又是"部分排他的"。知识扩散会引起经济社会、技术和生产力的进步,但拥有这一知识产权的厂商并没有从中获取全部收益。这种经济的外部性表现称为"知识溢出效应"。武健(2009)认为,从个体层面看,溢出过程中知识创造者未能独占全部创新成果,知识接受者没有为获得的溢出承担全部成本,存在外部性;从群体层面看,知识溢出使集群企业更易获得所需知识,能更快、更有效地进行创新。他将之定义为企业创造的知识不可避免地发生一定程度的扩散,被其他企业自觉或不自觉地无偿应用。从形态维度可以将知识溢出分为显性知识溢出和隐性知识溢出。显性知识是言明的知识,其溢出往往附着在语言、文字等编码载体上。隐性知识是含蓄、不清晰或者个体化的知识,难以编码,具有操作关联性,这类难以直接用语言文字或其他工具清晰表达的知识的溢出就是隐性知识溢出。郑展和韩伯棠(2009)指出,任何主体获得知识必须有所付出,因此获取知识的过程可以看作是一种投资,而知识的积累会形成某个人的独特认知能力,以及对某事物现状或发展趋势的判断能力,其他人以某种方式获取了这一认知或判断,就是知识溢出。陈静和李从东(2009)认为,知识溢出分为广义和狭义两种定义。从狭义来看,知识溢出是无意识的传播,而广义的知识溢出既包括无意识的知识溢出,又包括有意识的知识扩散和转移。

反向知识溢出概念与一般知识溢出概念有所不同。大部分学者研究的是东道国企业如何通过关联效应、示范效应、人力资本流动效应和竞争效应来实现外商直接投资的知识溢出。而反向知识溢出效应则不同,它指的是跨国企业通过对外直接投资来获取和利用东道国当地企业和机构产生的知识溢出,两者溢出方向正好相反。Driffield和Love(2003)认为,反向知识溢出指的是国内投资产生的知识外部性被外国企业所吸收。因此,笔者在Driffield和Love的定义基础上将反向知识溢出界定为:跨国企业通过对外直接投资,利用东道国企业和机构产生的知识外部性来获取当地的

反向知识溢出与创新绩效

智力和信息资源,而东道国企业和机构并没有得到全部的补偿。本书所提到的反向知识溢出方式包括有意识或无意识的知识扩散和传播,其内容含有反向显性知识溢出和反向隐性知识溢出。

1.3.2 吸收能力概念

吸收能力概念源自于宏观经济,它指的是一个经济体使用和吸收外部信息和资源的能力(Adler,1965)。Abramovitz(1986)指出只有落后国家的社会条件达到一定水平后,才能有效吸收发达国家的知识溢出。Cohen 和 Levinthal(1990)将这个宏观概念调整后应用于组织层面,并正式给出吸收能力定义:企业感知新的外部知识价值,吸收和消化,并将其应用于商业目的。他们认为吸收能力是一个组织学习的概念,是持续学习累积的效应,在很大程度上是企业先验相关知识的增函数。在 Cohen 和 Levinthal 的分析基础上,学者们从不同角度对吸收能力开展了相关研究。Mowery 和 Oxley(1995)将吸收能力定义为:一整套技术,用来处理转移知识的暗默部分,以及对引进技术的改进。Szulanski(1996)将吸收能力定义为:企业分析、处理、翻译并且理解外部知识的流程和惯例。Lane 和 Lubatkin(1998)提出了相对吸收能力的概念,即知识吸收企业感知、消化和应用知识溢出企业所溢出知识的能力。Kim(1998)认为,吸收能力是获取外部知识的能力(大部分通过模仿过程)和创造新知识的能力(通过创新)。他将吸收能力看作是学习过程的一个不可分割的组成部分。Colin(2006)则将吸收能力看作是评估和利用组织外部知识,以便于鉴别组织环境的能力,这意味着高吸收能力(更高的教育水平、员工发展、创新趋势)导致高绩效。Abreu 等(2008)认为吸收能力是消化和管理知识来提高创新绩效和竞争优势的能力。Zahra 和 George(2002)从过程维度全面地对吸收能力进行了概括。他们认为,吸收能力指的是通过一套组织的惯例和流程来获取、吸收、转化、利用知识,产生动态组织能力的过程,这四个维度在解释吸收能力对组织绩效的影响过程中扮演了不同但又互补的角色。他们定义与以往研究不同:吸收能力被看作是嵌入在组织流程和惯例中的动态能力,可以解释企业知识的流量和存量,并将这些变量与企业竞争优势创造和可持续性联系在一起。同时,他们将吸收能力进一步归纳为两类:潜在吸收能力(potential absorptive ability)和实现吸收能力（realized absorptive ability），前者包括知识的获取和同化，后者包括知识的转化和利用。Todorova 和 Durisin（2007）对 Zahra 和 George 关于吸收能力的概念提出了批评，认为需要重构吸收能力的概念，并建立吸收能力的动态反馈模型。Murove 和 Prodan（2009）认为吸收能力代表了组织内部开发新产品和改进现有产品的能力以及与外部信息和机会的联系。

国内学者对吸收能力也进行了广泛的研究。简兆权等（2009）指出，吸收能力包括对外部知识资源的识别能力、与外部知识资源之间的合作能力以及对外部知识的整合能力。邹艳和张雪花（2009）认为，组织吸收能力体现了组织的一系列过程和惯例，通过对它们的具体应用，企业获取知识、同化知识、转换知识和利用知识，形成动态的组织能力。这种定义更能体现技术创新过程中知识运动的特点。

从企业组织的微观层面来看，Zahra 和 George 从过程维度较为全面地解释了吸收能力，因此本书采纳了他们关于企业组织吸收能力的概念：通过一套组织的惯例和流程来获取、吸收、转化、利用外部知识的能力。

1.3.3 创新绩效概念

由于创新是知识获取和创造过程的结果，大部分研究集中在关于知识溢出对创新绩效的影响上（Fallah 和 Ibrahim，2004）。目前，理论界对创新绩效的概念还没有一个清晰地界定，研究学者们主要通过区分企业创新绩效的类别来展开相关研究。从狭义的创新绩效概念来看，它等同于技术创新绩效。技术创新可以分为产品创新和工艺创新（Maria 和 Orjan，2004）。Murove 和 Prodan（2009）认为产品创新指的是产品或服务的范围扩大和市场份额增加，而工艺创新指的是生产弹性改善、生产能力增加、单位产品劳动力成本降低、单位产品的原料和能源消耗减少。从广义的创新绩效来看，还应该包括管理创新和销售创新对企业绩效的影响。

由于反向知识溢出效应最终反映在企业创新绩效的改善上，因此本书主要研究吸收能力在反向知识溢出影响企业创新绩效过程中所起到的调节作用，并将企业创新绩效定义为企业开展技术创新、管理创新和营销创新活动的产出。

1.4 研究方法和技术路线

1.4.1 研究方法

本书采用了规范研究和实证研究相结合的方法，在前人研究成果的基础上，从定性和定量的角度展开了相关研究。

（1）理论研究。首先，系统地查阅了大量国内外文献，明晰本书需要研究的主题，然后根据国际直接投资理论、组织学习等相关学科和理论对这些文献进行全面梳理，并结合我国跨国企业对外直接投资的实际情况，建立包括反向知识溢出、作用机制、企业吸收能力和创新绩效在内的理论研究框架。

（2）实证研究。本书采用了问卷调查的实证研究方法。首先，对电子、医药和纺织服装等企业管理者开展问卷调查和访谈，获得大量的一手数据，并利用SPSS17.0软件，对调查结果进行回归分析，以此验证企业吸收能力在反向知识溢出影响企业创新绩效过程中所起到的调节作用。

1.4.2 技术路线

本书首先系统地搜集和梳理了大量的国内外相关文献，同时对部分企业管理者进行了初步的调研，并提出要研究的问题。反向知识溢出机制是我国企业向发达国家投资影响创新绩效的主要作用机制，而我国企业向发达国家投资又是反向知识溢出的重要渠道。因此，本书需要对我国企业向发达国家投资与创新绩效关系作深入的研究。首先，分析我国企业对发达国家投资发展现状，包括投资动因、投资主体、投资行业和地区分布等，然后在此基础上进一步分析我国企业向发达国家投资对创新绩效的作用机制和相关影响因素，进而建立相应的概念模型，并利用宏观数据验证，区域吸收能力在我国企业向发达国家投资对创新绩效影响过程中是否起到了显著的作用。为了更进一步说明我国跨国企业通过海外投资获取外部知识的问题，本书对万向集团、TCL集团和联想集团做了案例比较和分析。通过理论研究和实践分析，本书提出了问卷调查的基本假设，在完成问卷设计、样本选取和变量测度之后对我国跨国企业开展问卷调查，最后对实证结果进行总结和讨论,并给予政策建议和提出未来研究展望(见图1-3)。

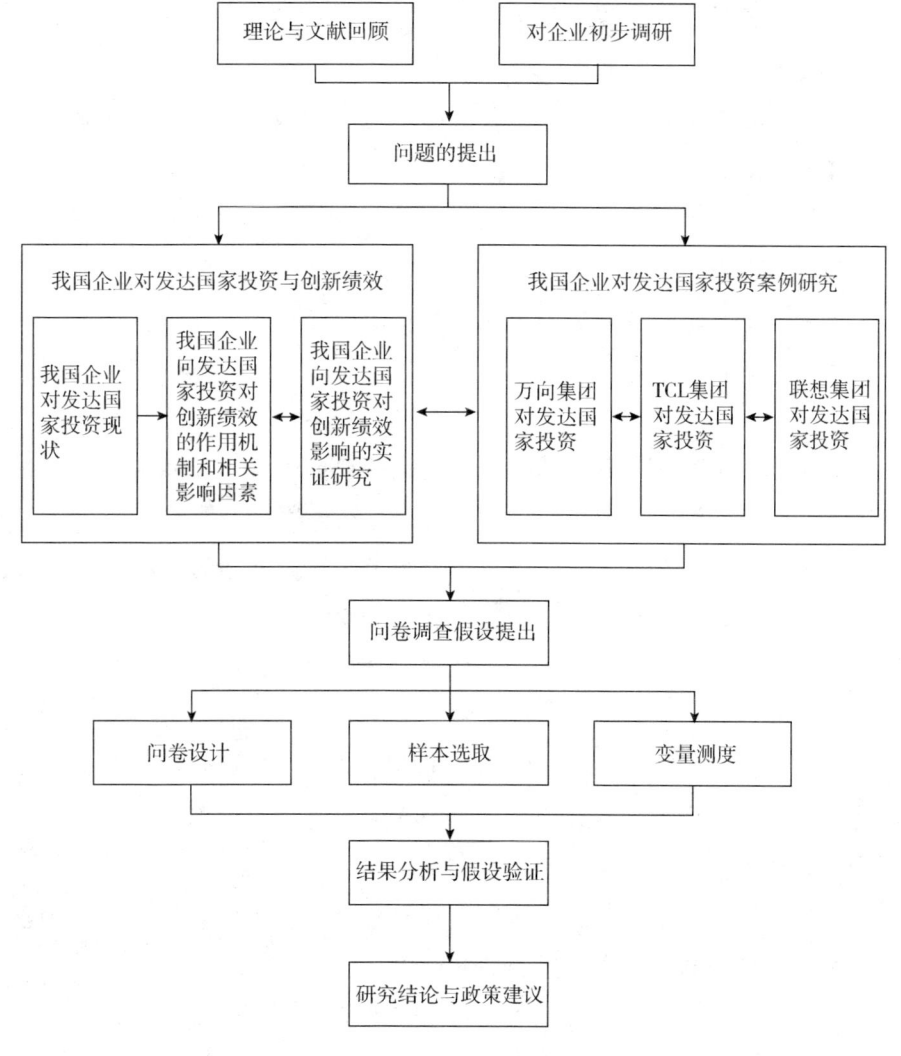

图 1-3 本书的技术路线

1.5 研究内容和创新点

本书研究内容主要集中于企业吸收能力在反向知识溢出影响企业创新绩效过程中起到的调节作用,可以归纳为以下 6 个方面:
(1) 反向知识溢出对企业创新绩效的影响;

反向知识溢出与创新绩效

（2）反向知识溢出对企业创新绩效的作用机制；

（3）基于研发资本维度的吸收能力在反向知识溢出影响企业创新绩效过程中起到的调节作用；

（4）基于人力资本维度的吸收能力在反向知识溢出影响企业创新绩效过程中起到的调节作用；

（5）基于社会资本维度的吸收能力在反向知识溢出影响企业创新绩效过程中起到的调节作用；

（6）基于组织资本维度的吸收能力在反向知识溢出影响企业创新绩效过程中起到的调节作用。

本书的结构安排如下：

第1章，引言。内容包括问题的提出、研究意义、基本概念界定、研究方法和技术路线、研究内容和创新点。

第2章，理论和文献回顾。首先介绍了国际直接投资理论、企业吸收能力理论和后进企业技术追赶理论，然后全面回顾了反向知识溢出效应的相关文献，并进行了评述，最后建立了包含反向知识溢出、吸收能力和企业创新绩效这三个要素在内的理论模型。

第3章，我国企业对发达国家投资与创新绩效。首先分析我国企业对发达国家投资的现状，然后研究其中的作用机制和相关影响因素，最后利用宏观数据进行实证检验。

第4章，我国企业对发达国家投资案例研究，主要对万向集团、TCL集团和联想集团的海外投资案例进行比较分析。

第5章，我国企业对外投资反向知识溢出效应实证研究。首先提出研究假设，依据假设，开展问卷设计和样本选择，然后确定变量测度指标，再利用回归方法进行实证研究，最后对实证结果进一步分析。

第6章，在前文研究的基础上，提出有针对性的政策建议，并指出本书研究局限性及未来研究展望。

从20世纪90年代初开始，反向知识溢出效应开始受到理论界的关注。国内的相关研究起步较晚，尚未形成完整的理论体系，特别是对反向知识溢出效应影响因素研究还不多。因此，本书主要基于吸收能力的视角对反向知识溢出效应展开深入和全面的研究。

第1章 引言

本书在微观层面展开研究，并运用企业实证方法研究我国跨国企业对发达国家投资实现反向知识溢出效应的微观机制。国外学者主要研究的是发达国家之间FDI所产生的反向知识溢出效应，忽略了发展中国家对外投资的情况，而国内学者则主要基于国家宏观层面，利用二手数据来开展实证研究。

本书建立了包括反向知识溢出及其作用机制、企业吸收能力和创新绩效的理论模型，明晰了四者之间的关系；建立了基于人力资本维度、研发资本维度、社会资本维度和组织资本维度的吸收能力的多维度分析模式；重点阐明了吸收能力在反向知识溢出影响创新绩效过程中所起到的调节作用。

本书基于吸收能力的视角，实证检验了不同类型的反向知识溢出对我国跨国企业创新绩效的促进作用，阐明了反向显性知识溢出和反向隐性知识溢出对企业创新绩效影响的差异以及反向知识溢出、企业吸收能力和创新绩效三者之间的关系。

第 2 章　理论和文献回顾

本章首先介绍了国际直接投资理论、企业吸收能力理论和后进企业技术追赶理论,然后,全面回顾了反向知识溢出效应的相关文献,并进行了评述。

2.1　国际直接投资理论

2.1.1　传统的对外直接投资理论

(1) 垄断优势理论

在 Hymer 提出垄断优势理论之前,理论界主要以传统的要素禀赋论,即各国资本丰裕的程度,来解释对跨国企业对外直接投资现象。而 Hymer 通过研究大量的美国跨国企业对外直接投资的案例,发现了美国跨国企业是以工业型跨国企业为主,利率的差异并不是导致美国跨国企业对外投资的主要原因。在这种情况下,Hymer 利用产业组织理论中垄断优势来解释对外投资行为。他认为市场的不完全性促使了跨国企业对外直接投资。市场的不完全性包括产品市场的不完全、要素市场的不完全,以及由规模经济和政府税收、利率、汇率政策等造成的市场不完全。跨国企业利用市场不完全所导致的垄断优势开展对外直接投资,并在与东道国企业竞争过程中获得优势。这种垄断优势来自于技术优势、工业组织优势、规模经济、融资的能力、获取特殊原材料能力等。尽管垄断优势理论在一定程度上解释了跨国企业对外投资行为,然而没有表明垄断优势是如何形成的,为什么企业进入海外市场是通过对外投资方式而不是利用出口,也无法解释缺乏垄断优势的发展中国家企业对发达国家逆向投资的行为。

(2) 产品生命周期理论和边际产业扩张理论

Vernon（1966）提出了产品生命周期理论。他认为企业的所有权优势不足以说明企业对外投资的动机和区位选择,应该将企业产品生命周期和区位因素纳入到对外直接投资的理论框架中。他将产品生命周期分为三个阶段：创新阶段、成熟阶段和标准化阶段。在创新阶段,企业产品具有明显的差异化优势,价格需求弹性较低。企业主要通过国内生产以满足国内市场的需求。在成熟阶段,其他发达国家产生了相关产品的需求,越来越多的企业进入该产品市场,竞争日趋激烈。为了贴近市场和降低成本,企业开始对发达国家进行直接投资。在标准化阶段,价格战成为主要竞争手段,企业更愿意投资于拥有大量廉价劳动力的发展中国家。然而,产品生命周期理论不能解释发展中国家之间投资的现象。小岛清（1978）研究了1950—1970年日本对外投资的情况,利用国际贸易比较优势的原理提出了边际产业扩张理论。他认为一国对外投资应从边际产业（已经丧失或即将丧失比较优势的产业）开始,通过产业转移转变成为东道国具有比较优势的产业部门。但边际产业扩张理论不能解释具有比较优势的产业对外投资现象。

(3) 内部化理论

Buckley 和 Casson（1976）基于中间市场不完全的前提条件,提出了内部化理论。他们认为市场的不完全会增加外部市场交易成本,那么在企业组织体系内可以用较低的成本来转移这些中间产品,也就是说利用企业内部市场来替代外部市场。企业实施内部化依赖于四种因素：行业特定因素、区位特定因素、国家特定因素和公司特定因素。

(4) 国际生产折中理论和投资发展阶段论

Dunning（1977）提出了国际生产折中理论,他认为企业对外直接投资需要拥有三个方面的特定优势：所有权优势、内部化优势和区位优势。所有权优势指的是跨国企业拥有的各种资产及其所有权形成的特定优势。Dunning（1996）进一步将其划分为两类：一种是技术、商标、管理技能

反向知识溢出与创新绩效

等无形或有形资产,另一类是规模经济和范围经济等带来的企业生产和运输成本的降低、产品和市场的多样化等。内部化优势指的是跨国企业的所用权优势通过内部使用,以减少交易费用和市场风险。区位优势指的是跨国企业在对外投资区位选择上所具有的特定优势。然而,国际生产折中理论遭到了理论界的质疑,认为其缺乏动态性以及实证困难。为了解决这个问题,Dunning(1977)又提出了投资发展路径理论。他根据人均国民生产总值将对外投资划分为四个阶段,每个阶段中 FDI 的流入和流出规模均不相同。此后,Dunning 还增加了第五阶段,用来描述经济发展水平较高的发达国家相互投资的状况。

(5)小规模技术理论

Wells(1977)在《发展中国家企业国际化》一书中,提出了小规模技术理论。他认为,与发达国家相比,尽管发展中国家跨国企业不具有绝对的所有权优势,但他们仍有着三个方面的相对优势:第一,部分发展中国家的市场较小,难以满足规模经济的需要,而经济发展水平较高的其他发展中国家可以利用廉价的劳动力,生产标准化的产品,以满足其市场需求;第二,在海外生产具有民族特色的产品;第三,利用当地低成本优势,生产物美价廉的产品。然而,小规模技术理论无法解释发展中国家对发达国家逆向投资的现象。

(6)技术地方化理论

Lall(1983)在《新跨国公司:第三世界企业的发展》一书中提出了技术地方化理论。他认为发展中国家也能发展出自身特有的优势。这是因为发展中国家和发达国家的要素价格和质量有所不同,需要将技术调整以适应当地市场的需求,并且所使用的技术能从规模经济中获得更高的经济效益。由于发展中国家当地客户有着不同的产品需求和价格承受能力,使得发展中国家企业提供的产品仍具有一定的竞争优势。

2.1.2 资产寻求型对外直接投资理论

Dunning(1993)首先将资产分为两种类型:自然资产(natural assets)和创造性资产(created assets),后者也称为战略性资产(strategic assets)。创造性资产是在自然资源基础上,经过后天努力而创造出来的基于知识的资产，是企业竞争优势的来源。创造性资产可以是有形的，如物质资产和财力资产；也可以是无形的，如专有技术、商标、商誉、组织能力、制度文化等。以知识为特征的创造性资产的有效转移更多地依赖于人员的直接接触、人际沟通和指导性的实践活动（吴先明等，2008）。跨国企业开展资产寻求型FDI，是受到了创造性资产的吸收。Chang（1995）指出日本电子制造企业是在有步骤地进入美国市场，其主要动机是为了能力的发展。Mutinelli和Piscitello（1998）注意到，意大利企业投资于北美的目标是获取和开发与技术相关的无形资源和互补资产。部分国外学者还进一步将"资产寻求型对外直接投资"细分为"技术寻求型对外直接投资"和"战略资产寻求型对外直接投资"。

（1）资产寻求型对外直接投资的相关概念

国外学者为了解释发达国家对外直接投资的最新发展趋势，在"创造性资产"的基础上提出了"资产寻求型对外直接投资"的概念。Dunning（1995，1998）将对外投资动机分为四类：寻求自然资源、寻求新的市场、以合理化的方式重组国外生产、寻求与战略相关的创造性资产。他认为，前三种投资动机在本质上是利用企业已有的资产以获得经济利益，而战略资产寻求型对外投资则是一种资产增加活动，它指的是跨国企业以FDI方式获取外国企业资产，并推动企业长期战略目标的实现。Dunning进一步解释，战略资产寻求型FDI不仅是利用超过竞争对手的企业成本或市场优势，更多的是增加企业的有形资产组合和人的能力。Kuemmerle（1999a，1999b）深入分析了母国利用型FDI（Home-Base Exploiting，HBE）和母国增加型FDI（Home-Base Augmenting，HBA）。前者是利用企业专有的能力到海外投资，而后者则是为了寻求新的知识和能力，在国外投资以获得独一无二的资源以及当地企业和机构所创造的外部性。Makino，Lau和Yeh（2002）认为，资产利用型FDI指的是企业专有资产跨边界转移，也就是利用企业专有优势到国外投资，以寻求市场、低成本的自然资源和劳动力资源，而资产寻求型FDI则是将FDI作为一种获取战略性资产的手段。Chung和Alcacer（2002）认为，跨国企业开展资产寻求型FDI的主

反向知识溢出与创新绩效

要目的是在外国市场开发战略性资产，并利用这些资产获取市场情报、技术诀窍、管理技能，以及建立声誉。

国内学者重点关注的是技术寻求型对外直接投资，并对其概念进行了界定。孙建中（2004）认为，技术获取型对外直接投资主要是指发展中国家的对外直接投资企业在发达国家进行的旨在获取核心技术的生产经营活动或研发行为，是一种在市场机制作用下的战略性对外直接投资。与其他对外直接投资的区别在于其根本目的是追求投资主体的战略利益最大化，而不仅仅是短期利润最大化。杜群阳和朱勤（2004）将技术寻求型对外直接投资定义为，以获取东道国的智力要素、研发机构、信息等资源为目标，以新建或并购海外研发机构为手段，以提升企业技术竞争力为宗旨的跨境资本输出行为。张宏和赵佳颖（2008）将技术获取型FDI定义为：以获取东道国更为先进的智力要素、技术、信息等资源为目标，以提升企业技术竞争力为宗旨的跨境资本输出行为。

已有的研究文献中，学者们主要围绕着"创造性资产""所有权优势""对外直接投资"这三个要素来构建"资产寻求型FDI"的概念。创造性资产的获取是跨国企业扩大所有权优势的有效途径之一，而它主要依赖于对发达国家的直接投资来实现。

（2）资产寻求型FDI产生的背景

跨国企业的发展与母国社会、经济、文化背景难以分割开来。由于发达国家和发展中国家在经济发展模式、经济发展水平、产业结构、政策法规和企业技术积累等方面存在明显差异，因此开展资产寻求型FDI的背景也不尽相同。

发达国家之间资产寻求型FDI主要是指，欧美跨国企业具有较高技术水平的情况下，利用知识的正外部性，获取东道国互补的创造性资产，寻求差异化技术，维持和强化企业技术领先优势。Cantwell（1989）认为，企业海外扩张是为了搜索知识技能，而这些知识技能无法在母国市场上取得。Shan和Song（1997）认为，在高科技行业竞争所必需的技术能力可能存在于企业之外，甚至是国家边界之外，而从国家层面来看，技术优势分布是异质的,而且趋向于持续一段时间。同时,他们还指出一个企业想要在一个技术快速变化的行业中竞争,那么资源的积累仅仅依赖于内部的能力存在很大风险。如果一个企业的竞争优势来源于自身独一无二的能力,那随着技术的变化带来能力的过时,优势就会丧失。Dunning(1998)认为对外直接投资和企业间战略联盟在跨边界经济活动中已变得越来越重要。通过这两种跨边界的经济活动,一个国家中企业不仅能够获得技术和市场协同效应,而且更为普遍的是利用国外竞争者、供应商、客户以及由国家教育和创新体系提供的创造性资产。随着技术进步、企业间更激烈的竞争、新市场的开放、企业专有资产流动性的增加,国外生产不仅仅是利用投资企业现有的所有权优势,而且作为一种增加这些优势的手段,越来越多的跨国企业跨越国家边界去创造或获得资源和能力,以此对他们已有的核心竞争力进行补充。Johansson 和 Loof(2006)发现由于技术研发成本和复杂性不断提高、创新活动速度加快以及已有的创新系统存在的系统性、自我强化和锁定特征,在工业化国家中,海外研发活动不断增加,其目的要么是利用已有的知识基础,要么扩大知识,前者导致 R&D 活动靠近现有的生产设施和市场,后者则更多建立在接近全球技术领先的企业、集群和大学的地点。

　　发展中国家对发达国家的资产寻求型 FDI,主要指在发展中国家跨国企业绝对无技术优势或相对无技术优势的情况下,为了填补国内技术空白以及缩小与世界先进技术、营销和管理水平的差距,利用后发优势实现技术赶超,从而打破产业升级路径依赖,提高企业在国际市场的竞争能力。Ping(2007)指出,中国企业投资海外是因为他们希望获得知识,学习新的技术和能力,增强他们的竞争力和建立世界品牌。由于中国企业面临着日趋激烈的全球竞争,而且缺乏创新技术和品牌,需要额外的资源来弥补竞争劣势。因此,他们对工业化国家的投资主要动机是寻求战略资源,以加强他们在全球市场上的竞争力。另外,受到中国政府的鼓励,很多实力强的企业希望转变为全球竞争的跨国公司。这种战略愿景会促使中国企业在发达国家开展资产寻求型 FDI。国内学者冼国明和杨锐(1998)注意到,

反向知识溢出与创新绩效

随着跨国公司的对外直接投资成为经济增长的引擎，贸易主导型国际分工逐渐向以直接投资为手段的投资主导型国际分工转换，发展中国家企业有可能主动采取逆向 FDI 方式，以期改变其技术开发和累积过程中被动的、渐进的路径。江小娟（2000）认为在国内自主开发存在缺乏科技资源特别是技术开发人才的问题，国内有实力的企业走出去到科技资源密集的地方设立研发机构或高技术企业，开发生产具有自主知识产权的新技术、新产品，是利用国外科技资源的一种有效形式。吴先明（2007）指出在动态的全球竞争条件下，以寻求创造性资产为目标的海外投资并不以垄断优势为前提条件，具有局部竞争优势的中国企业可以通过逆向投资，采取在发达国家当地建厂、设立技术监听站和跨国并购等形式，寻求并获得未来竞争的关键性资源——创造性资产，并通过全球化来利用这些资产构建新型的资源和能力基础。王辉（2007）提出，首先，从宏观经济层面来看，"走出去"技术寻求战略是转变我国粗放型经济发展模式的重要途径，并进一步指出从能源的加工、转换、储运和终端利用全方位来寻求、学习和利用发达国家的先进技术，是解决我国高能耗问题的重要途径。其次，从产业层面来看，"走出去"技术寻求战略是改善和提升我国产业结构的有效途径。最后，从微观层面来看，"走出去"技术寻求战略是提高我国企业技术创新能力，营造国际竞争优势的必经之路。

（3）资产寻求型 FDI 的区位和产业选择

现有的相关研究文献详细比较了资产利用型 FDI 和资产寻求型 FDI 的区位选择。他们发现，后者主要发生在发达国家，而且在这些国家中跨国企业更愿意投资于研发密集型产业部门或者接近东道国技术密集的地点。这是因为知识溢出具有空间约束性，跨国企业必须在地理上接近东道国的外部知识源，才有可能有效获取当地的知识溢出。Dunning（1998）发现战略资产寻求型 FDI 主要发生在发达国家。这是因为可获得的资产来源（即技术知识、学习经验、管理技能、组织能力）趋向于集中在先进的发达国家或大的发展中国家。Kumar（1998）对正在兴起的发展中国家跨国企业的 FDI 进行了系统研究，发现在过去的 10 年中，亚洲新兴工业化国家和地区的跨国企业对发达国家的FDI增长迅猛,而且这些来自亚洲新兴工业化国家和地区的跨国公司通常利用对发达国家的FDI来增强它们的非价格竞争力。与此相对应的是,这些公司对欠发达国家的FDI则主要是为了增强它们的价格竞争力。Kuemmerle(1999a,1999b)发现,母国利用型FDI(HBE)和母国增加型FDI(HBA)受到不同区位决定因素的影响。HBA型R&D的投资受到以下因素的影响:对目标国私人和公共实体的R&D相对承诺、人力资源库的质量、在相关学科领域的科学成就水平。而投资于HBE型R&D活动则主要受到了目标国市场的吸引。Makino,Lau和Yeh(2002)从投资动机和能力角度分析了台湾企业对投资区位的选择。他们认为新兴工业化国家投资于发达国家是为了获取战略资源和扩大市场份额,投资于小型发展中国家是为了获取廉价劳动力,而投资于大型发展中国家是为了获取廉价劳动力和占领当地市场(见图2-1)。Cantwell等(2004)通过对美国跨国企业在英国的子公司的调查和搜集最近美国对大型跨国企业专利授权量的数据,发现随着全球一体化的进程加快,在英国的美跨国企业越来越多地追求技术活动一体化的战略,并且愿意将技术活动集中在具有区位优势的东道国产业部门,以利用东道国外部的知识技能。Pradhan和Abraham(2005)观察到2000—2003年78%的印度海外收购发生在发达国家。这反映出印度企业主要对外投资动机为接近规模大的市场,以及获得东道国企业特有的无形资产如商誉、品牌、技术、营销网络和商业技能。Chung和Yeaple(2008)发现东道国的专利存量越大,并且与美国的技术相似程度越高,那么美国企业的对外投资规模越大。这表明美国企业投资是为了获取当地的知识。Pradhan和Singh(2009)认为,在技术创新欠发达的地区,南方企业知识能力范围相对狭窄,需要提高在全球化市场的竞争优势。基于这种目的,对外直接投资很可能偏向于先进的工业化国家,这些国家有着丰富的技术知识、学习经验、管理技能和组织能力。Rajan(2009)指出印度的跨国企业技术和研发获取型FDI是为了购买技术、流程、管理诀窍、市场营销网络。这对于印度的制药业特别重要,他们希望通过在欧洲的并购活动扩大其研发基础。

反向知识溢出与创新绩效

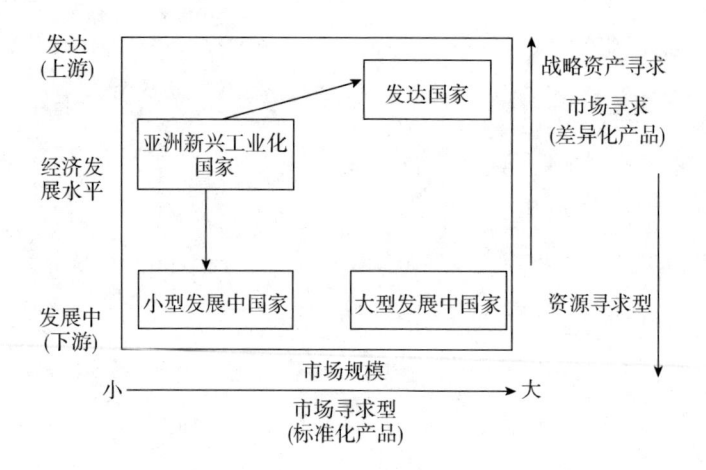

图 2-1 投资地区和 FDI 动因模型

资料来源：MAKINO, S., LAU, C. and YEH, R. Asset-exploitation versus Asset-seeking: Implications for Location Choice of Foreign Direct Investment from Newly Industrialized Economies [J]. Journal of International Business Studies, 2002, 33 (3): 403-421.

20 世纪 90 年代末，我国企业对发达国家的逆向投资规模迅速扩大，这种现象也开始引起国内学者的关注。鲁桐（2000）实地调查了中国企业在英国投资动机的结果。出人意料的是，"母公司长期发展战略的组成部分"被列为首位，"市场扩张和获得海外市场信息"成为中国企业在英国投资的主要动机，而诸如"获得技术（主要指硬件技术）""寻求资源""分散经营风险"等因素只占有次级重要的地位。"降低成本"和"获得较高的利润"均不是现阶段中国海外投资的主要目的。马亚明和张岩贵（2003）提出技术扩散的存在使得通过 FDI 来寻求技术成为可能，一些发展中国家的公司以合资的形式到发达国家进行直接投资，其主要目的之一就是最大化公司之间的技术扩散，以最大可能地寻求和利用发达国家企业的先进技术。大量的跨国公司涌向一些发达国家的科技园区，其目的之一也是为了从知识的外溢中受益。李优树（2003）发现以获得国外先进技术为主要直接目标的对外直接投资者，可以通过对外直接投资的方式，在发达国家与当地高技术公司或风险投资公司合资创办研究与开发型公司，充分利用当地的技术资源优势，了解和把握国外新技术发展的最新动态，以此作为开发和引进国外先进技术的基地。孙春媛、姚利民和王峰（2006）

对浙江企业向发达国家投资的意向进行了问卷调查,结果发现对浙江企业向发达国家投资影响程度排名前列的变量为:扩大市场、获取通行的管理经验、取得先进技术与研发成果等。这表示浙江企业对发达国家的投资目标是以寻求市场和技术为主。吴先明(2007)认为由于发达国家技术人才集中,支持性基础设施完善,具有较强的创新精神和很高的生产效率,这为研究开发活动和新技术的产生及应用提供了得天独厚的条件。世界范围内绝大部分新技术和新发明都集中在发达国家,新技术在市场上的应用也从发达国家开始。中国企业可以通过对发达国家的直接投资,利用创造性资产具有外部性的特点获得一部分创造性资产。刘凯敏和朱钟棣(2007)认为从对外直接投资的东道国可以学习和积累技术,特别是我国向美国、欧盟、日本等发达国家的投资,可以更加直接地获取该国先进的技术,从而加快我国企业的技术进步为进一步扩大投资规模和投资范围提供必要的技术支持。从现有研究文献来看,创造性资产在世界上的分布是不均衡的,它主要集中在发达国家创新活动密集的地点。因此,学者们对资产寻求型FDI的研究,主要关注的是发展中国家对发达国家的直接投资以及发达国家相互之间的投资。

(4)资产寻求型FDI的进入模式

大多数学者认为合资或并购方式有利于跨国企业反向知识溢出最大化。Kogut和Chang(1991)对1976—1987年日本企业对美国的直接投资进行了调查研究,他们发现R&D支出之差对美日合资有显著的负效应,也就是说当日本企业选择合资方式进入美国时,存在知识寻求动因。Yamawaki(1993)认为日本企业在不具有技术优势的情况下收购美国企业和欧洲企业,主要是为了获取当地的技术资源。Neven和Siotis(1996)认为,资产寻求型FDI和资产利用型FDI进入东道国的模式有所不同,前者愿意采取合资或并购方式,以最大化当地的反向知识溢出,而后者愿意采取绿地投资或建立全资子公司的方式,限制自身的知识溢出,以保护其竞争优势。Pradhan和Singh(2009)认为对外投资方式不管是合资还是全资都能促进国内研发,其中合资方式的效果更好一些。而发展中国家的企业更愿意采取并购方式获取其所需能力,快速扩展他们的知识基础以满足

反向知识溢出与创新绩效

激烈的竞争。图 2-2 显示了印度汽车业不同的对外投资方式和知识流动之间的关系。李蕊（2003）在研究跨国并购的技术寻求动因时，发现跨国并购的投资方式可以使跨国公司获得大量与核心技术相关的技术，使其技术研发的数量和质量都有增长，技术研发能力大幅度提高，同时，也加快了开发、创造新产品和新技术的进度。也就是说，一方面，通过跨国并购实现现有各种资源尤其是技术资源的优化配置，降低跨国公司技术研发的投入成本；另一方面，通过跨国并购取得各种现有研发成果，提高了跨国公司技术研发的质量和水平，加快了跨国公司技术创新的速度。

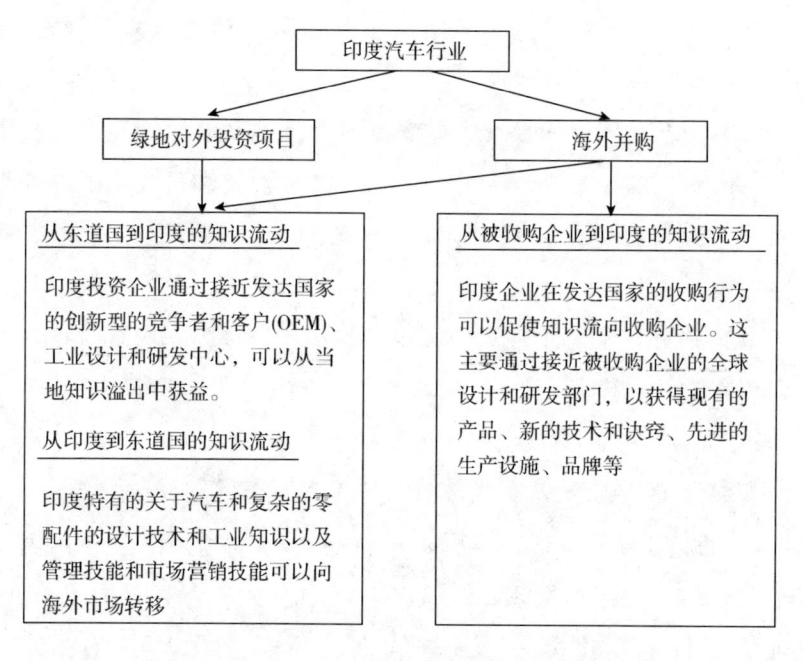

```
                    印度汽车行业
                   ↙            ↘
           绿地对外投资项目      海外并购
                  ↓                 ↓
    ┌──────────────────────┐  ┌──────────────────────┐
    │从东道国到印度的知识流动│  │从被收购企业到印度的知识流动│
    │印度投资企业通过接近发达│  │印度企业在发达国家的收购行为│
    │国家的创新型的竞争者和客│  │可以促使知识流向收购企业。这│
    │户(OEM)、工业设计和研发│  │主要通过接近被收购企业的全球│
    │中心，可以从当地知识溢出│  │设计和研发部门，以获得现有的│
    │中获益。                │  │产品、新的技术和诀窍、先进的│
    │从印度到东道国的知识流动│  │生产设施、品牌等            │
    │印度特有的关于汽车和复杂│  │                            │
    │的零配件的设计技术和工业│  │                            │
    │知识以及管理技能和市场营│  │                            │
    │销技能可以向海外市场转移│  │                            │
    └──────────────────────┘  └──────────────────────┘
```

图 2-2 印度汽车业对外投资方式和知识流动模型

资料来源：JAY PRAKASH PRADHAN, NEELAM SINGH. Outward FDI and Knowledge Flows: A Study of the Indian Automotive Sector [J]. Internatioanl Journ-al of Institutions and Economics, 2009, 1 (1): 156-187.

2.1.3 相关文献评述

20 世纪 90 年代以来，发达国家之间投资金额日益增加，同时发展中国家对发达国家的投资规模也在迅速扩大。传统的对外直接投资理论很难解释这些现象，因此国外学者引入了"资产寻求型对外直接投资"这个新的概念。它与传统的对外直接投资在投资动机、前提条件、区位和产业选择等方面存在明显不同,见表 2-1。我国作为发展中国家,技术基础薄弱,大部分产业的核心技术仍未取得突破。因此,资产寻求型 FDI 对于我国缩小与世界先进水平的差距,实现技术赶超,最终提高我国产品在国际市场的竞争力,具有十分重要的战略意义。

表 2-1 传统对外投资和资产寻求型对外投资

	传统的对外直接投资	资产寻求型对外直接投资
投资动机	寻求市场、低成本的自然和劳动力资源	创造性资产
前提条件	具有所有权优势（技术优势）	不具有所有权优势（绝对或相对无技术优势）
区位选择	发达国家和发展中国家	发达国家
投资地点	接近生产和销售地点	接近东道国的创新活动集中地
产业选择	投资母国已不具有比较优势或即将丧失比较优势的产业	主要集中在研发密集型部门
对母国技术进步作用机制	扩大研发投入、分摊单位研发成本	反向知识溢出机制
投资方式	多为独资和新建方式（由于我国产业政策限制,早期外商投资方式主要为合资和并购方式,而随着国家政策的逐步放开,跨国企业在华投资的独资化倾向已日益显著）	多为并购和合资方式

2.2 企业吸收能力理论

自从 Cohen 和 Levinthal（1990）正式提出吸收能力的概念后,吸收能力的概念、成因、作用过程以及其成果得到了理论界的广泛关注。目前,研究学者们主要从过程和成因这两个维度对吸收能力进行理论上的探索和实证检验。

反向知识溢出与创新绩效

2.2.1 吸收能力的过程维度

从过程维度来研究吸收能力，有助于我们了解吸收能力在反向知识溢出促进企业创新绩效过程中的微观作用机制。

Cohen 和 Levinthal（1990）认为吸收能力是企业感知外部新知识价值，并吸收和消化，将其应用于商业目的。Szulanski（1996）认为吸收能力应包括分析、处理、翻译并且理解外部知识的过程。Lane 和 Lubatkin（1998）提出，吸收能力应包括识别、评估、理解和应用能力。Van Den Bosch 等（2003）认为，吸收能力有三个部分：感知外部知识、吸收和应用于商业目的能力。Lane 等（2006）认为，吸收能力是通过以下三个步骤的程序利用来自外部环境的知识：第一，通过探索性学习，认知和理解外部潜在的有价值的知识；第二，通过转换性学习，吸收有价值的新知识；第三，通过利用性学习，利用已吸收的知识来创造新知识和商业成果。

现有文献中，Zahra 和 George（2002）较为系统和全面地分析了吸收能力的过程维度。他们将吸收能力分为潜在吸收能力和实现吸收能力，前者包括知识的获取和同化，后者包括知识的转化和利用。其中，知识的获取指的是辨别和获取外部产生的知识，此过程受到了知识获取努力强度、速度和方向的影响。企业鉴别和收集知识的强度和速度能够决定企业获取能力的质量。努力程度越高，企业建立必要的能力越快。知识的同化指的是企业分析、处理、翻译并且理解外部知识的流程和惯例。知识的转化指的是发展和完善企业的惯例以有利于现有知识与新知识的整合。这个过程是依赖于增加或减少知识，或简单地以不同的方式解释同一种知识。知识的利用指的是允许企业通过获取及转化知识投入到运营过程中，以完善、扩展和杠杆利用现有的能力或创造新的能力。相关的研究文献见表 2-2。

值得注意的是，Zahra 和 George（2002）对吸收能力过程维度的划分受到了 Todorova 和 Durisin（2007）的质疑。Todorova 和 Durisin（2007）认为转化能力不是同化能力的下一个阶段，而是其的替代过程。因此，吸收能力是评价、获取、同化或转化、利用外部知识的企业能力。他们认为，外部知识与企业认知模式相适应时，知识的同化过程就会发生，从而导致知识的应用，在此之前不存在知识的转化过程。相对而言，当外部知识不适合企业已有的内部知识结构时，知识将被转化。

表 2-2 过程维度吸收能力相关文献

能力	组成	作用和重要性	引用文献
获取	先前的投资 先验知识 强度 速度 方向	搜索范围 知觉模式 新联系 学习速度 学习质量	Boynton, Zmud, Jacobs (1994); Cohen 和 Levinthal (1990); Keller (1996); Lyles&Schwenk (1992); Mowery, Oxley, Silverman (1996); Van Wijk, Van den Bosch, Volberda (2001)
同化	理解	翻译 理解 学习	Dodgson (1993); Fichman&Kemerer (1999); Szulanski (1996)
转化	内化 转换	协同 重新编码	Fichman 和 Kemerer (1999); Koestler (1966); Kim (1997b, 1998)
利用	使用 实施	核心竞争力 获得资源	Cohen 和 Levinthal (1990); Dodgson (1993); Kim (1998); Szulanski (1996); Van Wijk, Van den Bosch, Volberda (2001)

资料来源：SHAKER A. ZAHRA GERARD George. Absorptive Capacity: A Review, Reconceptualization, and Extension [J]. Academy of Management Review 2002, 27 (2): 185-203.

2.2.2 吸收能力的成因维度

从成因维度来研究吸收能力，有利于我们了解吸收能力是如何形成的，以及在反向知识溢出促进企业创新绩效过程中，哪种类型的吸收能力所发挥的调节作用占据主导地位。

Cohen 和 Levinthal（1990）认为，企业吸收能力除了先验知识、沟通网络、沟通气氛以外，还需要第四个部分：知识扫描机制，它用于监控环境以及对企业有用的外部思想观点进行鉴别。他们指出吸收能力是一个组织学习的概念，是持续学习累积的效应，在很大程度上是企业先验相关知识的函数。Van 等（2003）基于企业内部、企业和企业间这三个层面分析了吸收能力成因（见表 2-3）。Nieto 和 Quevedo（2005）从四个维度对吸

反向知识溢出与创新绩效

收能力开展研究：企业与环境的联系，组织知识和经验水平，知识结构的多样性和重叠性，衡量吸收能力的战略态势。Tu 等（2006）将吸收能力分为四个维度：先验知识、沟通网络、沟通气氛和知识扫描，并对相关文献进行了回顾，见表 2-4。Fosfuri 和 Tribó（2008）对 1998—2000 年西班牙 2464 个创新型企业进行实证研究，结果发现研发合作、外部知识获取、知识搜寻经验是企业潜在吸收能力的成因。Abreu 等（2008）指出一个企业吸收和探索外部知识的能力不仅仅在于研发投入，而且还在于嵌入在人力资本和个人技能中的先验知识、组织结构、管理实践、与外部伙伴合作和互动的类型和频率。Jaider 等（2008）认为企业的吸收能力不仅被研发行为所决定，而且也被一套内部因素所影响，包括组织知识、组织形式、社会整合机制。Murove 和 Prodan（2009）认为存在 2 种类型的吸收能力：需求拉动型和科技推动型，其中最重要的决定因素是内部研发、员工培训、创新合作和对变化的态度。

表 2-3　不同层面的吸收能力成因

分析层次	举例	参考文献
企业内部	单位研发密度 知识流动的配置（水平或垂直） 先验知识或某种属性的相似性	Tsai（2001）；Van Wijk 等（2001）；Gupta, Govindarajan（2000）
企业	先验知识和内部机制 组织形式、整合能力 外部资源，互补知识和经验	Cohen 和 Levinthal（1990） Van den Bosch 等（1999）； Zahra & George（2002）
企业之间	特定类型的新知识 薪酬制度和组织结构的相似性 对组织问题的熟悉程度	Lane 和 Lubatkin（1998）

资料来源：VAN DEN, WIJK, BOSCH, F. A. VAN, VOLBERDA, H. W. Absorptive capacity: antecedents, models and outcomes [A]. Erasmus Research Institute of Management Working Paper NO. ERS－2003－035－STR, 2003.

表 2-4　吸收能力的四个维度

变量	定义	文献
先验知识	对组织中员工和经理所拥有的工作技能、技术和管理经验的理解	Cohen，Levinthal（1990，1994），Nicolini，Meznar（1995）
沟通网络	在不同的组织单位之间知识沟通的广度和深度	Aletan（1991），Bessant（1994），Chen，Small（1994），Cohen，Levinthal（1990），Goldhar，Lei（1994），Tasi（2001）
沟通气氛	组织中沟通的氛围	Levinson，Asahi（1995），Nevis 等（1995），Roth 等（1994）
知识扫描	企业鉴别和获取相关内外部知识和技术的能力	Boynton（1994），Cohen，Levinthal（1990，1994），Levinson，Asahi（1995），Roth（1994），Ettlie（2000）

资料来源：QIANG TU，MARK A. VONDEREMBSE，T. S. RAGU-NATHAN，THOMAS W. SHARKEY. Absorptive Capacity：Enhancing the Assimilation of Time-based Manufacturing Praetices［J］. Journal of Operations Management，2006，24（5）：692-710.

刘常勇和谢洪明（2003）认为企业的吸收能力主要受到先验知识的存量与内涵、研发投入的程度、学习强度与学习方法、组织学习的机制等四项因素的影响。许小虎和项保华（2005）认为知识吸收能力按其载体可以划分为组织成员知识吸收能力和组织知识吸收能力。前者取决于企业知识水平和综合素质；后者并非成员能力的简单加总，还依赖于整体的知识结构和协调系统。他们进一步提出企业的知识吸收能力受到企业内部环境的影响和制约，包括企业现有的知识存量与知识结构、组织界面职能、组织沟通体系。吴先明等（2008）认为影响企业吸收能力的因素包括先验知识、研发投入、学习强度和学习方法以及组织机制四个方面。陈菲琼和丁宁（2009）将吸收能力分为理解外部知识的能力和消化外部知识的能力。理解外部知识的能力包括网络内的信任、相关的先验知识、文化能力和业务相关性。

反向知识溢出与创新绩效

基于上述文献,笔者按照成因维度将吸收能力分为:研发资本、人力资本、社会资本和组织资本这四个维度。

(1)基于研发资本维度的吸收能力

大部分学者认为内部研发努力能够有效地增强企业对外部知识吸收和消化的能力。Mowery(1984)指出如果企业开展内部研发活动,能够更容易吸收外部研发的成果。Cohen 和 Levinthal(1990)认为,吸收能力不仅是组织研发的副产品,而且也与组织知识基础的差异化和广度有关,如先验的学习经验、共享的语言、跨职能的界面、组织成员的心智模式和解决问题的能力。他们指出,由于知识难以编码,具有暗默性,而且嵌入在组织的惯例中,因此,研发有着两面性:提高企业的生产率和增强企业的吸收能力。Helfat(1997)实证检验发现,在创新活动中研发投入越高,企业越容易将外部技术知识转化。Cockburn 和 Henderson(1998)发现研发活动可以增强企业发掘技术机会的能力、吸引和留住员工。Kinoshita(2000)将研发的作用分为两部分:一是研发的创新作用;二是研发的学习效应。他对捷克制造业的实证研究表明,研发的学习效应(增进吸收能力的作用)远远大于其创新作用。Lim(2000)强调自身的 R&D 投资是提高企业吸收能力的重要手段。Stock 等(2001)发现以研发密度表示的吸收能力和新产品研发绩效关系是非线性的,呈倒 U 字形。Cassiman 和 Veugelers(2002)将企业 R&D 分为基础研究和应用研究两种,认为基础研究是企业获取吸收能力的重要渠道。Griffith 等(2003)认为,只有积极地在特定的知识或技术领域开展研究活动,才能获得隐性知识,而且更容易理解和吸收他人的知识成果。企业自身研发投入越大,其他企业的研发活动对企业的专利申请和利润的影响更大。他们建立的理论模型鉴别了生产率增长的三个关键来源:研发导致的创新、技术转移和基于研发的吸收能力。研发投入不仅可以刺激创新行为,而且还能增强企业对外部知识的吸收能力。Daghfous(2004)认为企业的吸收能力得益于组织的学习和研发活动。Tobias(2005)认为企业吸收能力的影响因素包括企业 R&D 活动。其中企业研发活动包括研发支出、持续的创新活动及是否设有研发实验室。

刘常勇和谢洪明（2003）指出构成影响吸收能力的因素之一是企业在制造活动中研发投入的程度，因为通过制造活动的研发投入，企业将可获得更多有关产品与技术相关的知识，这类由制造经验积累的知识内涵，将有助于企业进入比较深层次的技术学习。

(2) 基于人力资本维度的吸收能力

基于人力资本维度的吸收能力的前提条件是企业员工要有足够的先验知识，以便于鉴别、吸收和利用外部知识。先验知识指的是员工和管理者对组织中工作技能、技术和管理实践的理解程度，它包括企业员工知识的差异化和重叠化程度、教育和专业背景、培训程度、实际工作经验等。Carter（1989）认为受过高等教育的员工是对know-how主要贡献者，这些人有更好的机会去感知和评价新的外部知识。Cohen和Levinthal（1990）认为个体成员的先验知识水平是组织吸收能力的主要决定因素。Boer等（1990）发现企业实施敏捷制造系统时由于没有适合的知识基础，出现了技术困难。Rothwell和Dodgson（1991）发现小企业需要接受过良好教育的技术工人、工程师、技术专家，以便于从企业外部获得知识。Cohen和Levinthal（1994）指出企业具有足够的先验知识，能够主动追踪未来技术的进步，因此提高了吸收能力。如果先验知识有限，企业对未来技术发展方向不确定，有可能不愿做进一步研究。Boynton等（1994）认为，企业吸收信息技术的能力部分取决于该领域已有的知识。Lane和Lubatkin（1998）认为，吸收能力依赖于企业已有的知识基础与外部知识的相关性。如果这种相关性不存在，那么企业会发现难以将外部知识整合到现有知识基础上，尤其通过国外收购方式更是如此。Mangematin和Nesta（1999）认为，受过高等教育的员工能通过他们的日常任务增加组织的知识存量。Ahuja和Katila（2001）认为当内外知识库包含有相似的成分，知识的鉴别和吸收过程变得更加容易。对外部知识的吸收需要类似的认知结构、共同的技能和共享的语言。Schmid（2005）认为员工的教育和训练水平越高，个人吸收和使用新知识的能力越强。企业的吸收能力依赖于个人的吸收能力水平，企业员工的教育、经验、培训程度与企业吸收能力存在正相关。

刘常勇和谢洪明（2003）认为企业吸收能力与先验知识密切相关。由

反向知识溢出与创新绩效

于知识能力是逐渐积累的,企业吸收的新知识大多与其先验知识相关,因此企业所拥有的先验知识内涵将影响其吸收新知识的态度,同时也可能使企业对新知识未来潜力的判断出现错误。许小虎和项保华(2005)认为企业对知识的搜寻和吸收以一定的知识存量为基础,人们在学习过程中总是在自身的知识能力范围内对新知识产生兴趣,对与其知识基础有联系的新知识学习的速度快于那些脱离其知识能力范围的知识。因此新知识的积累具有路径依赖的特征,对知识的搜寻和吸收依赖于成员现有知识水平、存量与结构。邹艳和张雪花(2009)认为人力资本是体现于企业员工身上的知识、态度和能力的综合,与吸收能力关系密切。知识吸收能力越强,企业员工的知识就越丰富,解决问题的能力就越强,创新的机会就越大。于渤和崔崑(2008)认为企业内部员工的人力资本水平是指蕴涵于企业员工自身的各种知识和技能的存量总和。从最初对知识的寻求、获得到最后对知识的整合和利用都离不开人的参与,企业员工的知识总量决定了企业对外部知识做出反应的灵敏度和准确度,影响了企业消化和转换知识的速度和效率;企业员工知识的互补性、异质性及相似性水平影响企业获得外部新知识的机会的多寡及知识在企业不同部门和成员间转移和整合的效率。

(3)基于社会资本维度的吸收能力

获取外部知识的数量和质量取决于企业与外部环境联系的广度、深度和强度。Pennings和Harianto(1992)对银行业做了研究,他们发现技术情报的经验积累和企业间的沟通有利于创新。Teece(1992)研究了硅谷外国直接投资大量涌入的现象,他认为外国企业可以通过接触当地的信息渠道从而获得当地专有知识。Brown和Eisenhardt(1995)总结到,当外部交流很频繁时,企业创新项目组更可能开发吸收能力,以便于有效地获取和利用已搜集到的信息。Liebeskind等(1996)发现,生物技术企业的科学家通过与外部研究者的合作,以提高整合外部知识的能力。Lim(2000)探讨了企业如何发展不同的吸收能力。一个企业的吸收能力依赖于内部研发和与外部技术知识资源的联系。企业有着多种可供利用的选择来发展与外部的联系,包括:第一,开展研发活动;第二,为学校的研究提供经费,与机构保持联系,雇佣毕业学生;与拥有特定技术的企业形成联盟关系，第三，在研究团体中取得成员资格。同时，他还建立了一个关系网络理论模型，见图2-3。Stock等（2001）发现，新产品开发的主要外部知识来源是供应商和战略联盟，其中供应商的参与程度越高，新产品开发效率越高。此外，他们还对吸收能力与战略联盟的关系相关文献作了归纳和总结（见表2-5）。Ford（2001）强调，社会资本尤其是非正式联系的社会资本有利于区域创新系统内各行为主体之间的信息交流与知识共享，区域创新系统内的企业与其他机构可以利用社会资本获取或分享与创新有关的知识。Zahra和George（2002）认为有两种渠道可以积累潜在吸收能力：知识搜索的经验和与外部知识源的互动。外部知识源包括长期合同、研发合作、技术许可、收购等。与外部知识源互动程度越高，企业在处理外部信息的经验学习积累越多。Vanhaverbeke等（2002）调查了化工、汽车、医药行业中的116家企业，实证结果发现企业与行业技术联盟网络中其他企业的直接和非直接联系对绩效有着一定程度的影响。Storper和Venables（2002）指出基于面对面交往的本地社会网络是产业集群内部知识溢出的渠道，因为社会网络中面对面的交往促进了集群中不同主体之间的沟通，有利于主体之间信任的建立，可以有效抑制机会主义行为，实现知识溢出。Upadhyayula（2004）认为，外部社会资本影响了从外部获取知识的转化和利用，其中外部社会资本的认知维度、结构和关系维度对实现吸收能力起到了调节作用。Bathelt等（2004）认为本地中小企业与龙头企业之间的社会网络可以促进双方频繁的面对面的交流和互动，进而促进隐性知识的有效传递。Vinding（2006）指出企业组织密切的外部联系增强了知识转移（隐性知识）的潜在效果。Zahra和Hayton（2009）认为通过国际战略联盟可以使企业学习国外合作伙伴的经验、体系、管理实践、接近新知识，缩短学习周期，加快对客户的需求反应速度，还能使企业获得与现有知识库不同的知识。Fosfuri和Tribó（2008）在问卷调查中涉及了7个外部创新知识来源：供应商、客户、竞争者、学校、其他研发机构、会议和专业期刊、展览和陈列室。Murove和Prodan（2009）认为与相关的企业和知识机构建立紧密的联系能够显著提高创新绩效。他们将吸收能力分为两种类型：科技推动型和需求拉动型。其中，科技推动型是以科技信息为基础（学校、非营利机构、

反向知识溢出与创新绩效

商业研发企业);需求拉动型则主要基于市场信息(客户、供应商、竞争者、专业会议、论坛)。

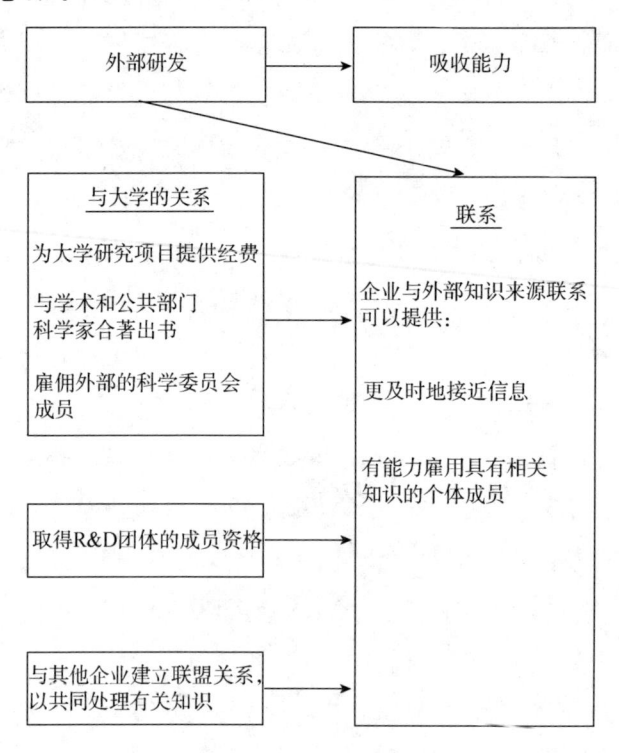

图 2-3 吸收能力与关系网络

资料来源:LIM, K. The Many Faces of Absorptive Capacity: Spillovers of Copper Interconnect Technology for Semiconductor Chips September 28, 2000.

表 2-5 吸收能力与联盟的关系

吸收能力研究对象	相关文献
联盟的演化	Koza 和 Lewin(1998)
联盟伙伴之间的学习	Kim(1998) Lane 和 Lubatkin(1998)
联盟伙伴之间的知识转移	Shenkar 和 Li(1999)
联盟伙伴的选择	Luo(1997)

资料来源:GREGORY N. STOCK, NOEL P. GREISB, WILLIAM A. FISCHER. Absorptive capacity and new product development [J]. Journal of High Technology Management Research, 2001, 12: 77-91.

国内学者茹玉骢（2004）认为在R&D密集度高的行业中，一旦某技术领先企业及其附属企业在某一地理空间集聚，并形成一定的区位优势，这种优势使得这些企业具有较高分工水平和良好的网络结构，由于存在技术外溢的空间约束性和网络的有界性，那么以直接投资方式可以使该企业快速融入此区位网络，尽可能利用区位优势获得新技术。跨国公司对技术的寻求包括通过自身研究获得和建立当地协作网络获得。于渤和崔崑（2008）认为，企业的外部社会资本是指建立在信任和规范基础上的企业外部关系网络中可利用的实际和潜在的资源，包括企业与客户、供应商、科研机构、高校、政府部门等外部机构与人员的联系。企业的外部社会资本能够创造和加强知识流通的渠道，增加企业外部新知识的来源范围，提高知识流动的密度与流动强度，增加企业与外部环境的交互作用，促进信息共享，从而提高企业知识的转移效率。

（4）基于组织资本维度的吸收能力

组织的吸收能力不存在于单个成员身上，而是依赖于各个成员个体吸收能力的有机整合（Cohen和Levinthal，1990）。因此，企业组织的吸收能力在很大程度上受到了组织结构、组织机制和组织文化的影响。Schultz（1961）认为组织资本使企业员工所具有的知识和技能外化，从而在企业内部实现知识共享机制。Levinson和Asahi（1995）指出开放的文化（将变化看作是积极的）能提升组织学习能力。Ayas（1996）发现有机的自我管理团队网络可以促进知识转移。Harvey等（1998）认为，在吸收能力中，支持参与和知识分享的文化和薪酬体系显得十分重要，组织的知识共享是一个文化问题，而不是技术问题。Mangematin和Nestra（1999）发现，员工的交流和书面报告的分享与高吸收能力联系在一起。他们指出如果组织内部是不信任的或缺少共享信息的意愿，知识共享和沟通将减少。Van den Bosch等（1999）认为，企业先验知识水平通过组织形式和整合能力影响了企业吸收能力的效果。其中，他们将整合能力分为系统能力、协调能力和社会化能力，同时将知识吸收的过程和内容分为这三个维度：效率、范围和灵活性。此外，在文章中，他们还构建了相关的理论模型

反向知识溢出与创新绩效

(见图2-4),并以列表的方式详细说明了企业组织形式、整合能力和吸收能力之间的关系(见表2-6)。Tasi(2001)发现,组织内部网络有利于改善企业知识转移和提高组织学习能力。Gradwell(2003)指出企业中紧密的关系网络对促使隐性知识转移有很大的影响。Minbaeva等(2003)发现,包括工作轮换、团队合作以及绩效导向的薪酬政策在内的人力资源实践对跨国企业子公司的吸收能力有着较大影响。Daghfous(2004)认为企业组织结构和跨职能的沟通能够改善企业部门和个人之间的知识共享程度,从而增强企业的吸收能力。而组织文化对企业吸收能力有积极的影响,它通过员工和经理的授权鼓励知识扩散。Mahnke等(2005)指出,人力资源管理通过奖励制度和培训来激励学习这些都可以提高企业员工个人的吸收能力水平,从而增强企业作为一个整体的吸收能力。Van(2005)认为,与协调能力联系的组织机制(跨职能的界面,决策参与,工作轮换)主要增强企业的潜在吸收能力。与社会化能力联系的组织机制(连通性和社会化策略)主要增强企业实现吸收能力。Vinding(2006)指出Cohen和Levinthal忽视了员工所处的组织环境和跨职能的交流接触,如研发、设计、制造、营销之间的联系。由于企业吸收能力不仅仅是个人能力的简单集合,对于企业吸收能力来讲,它依赖于企业组织作为一个整体来激励和组织在部门、职能和个人之间的知识转移。

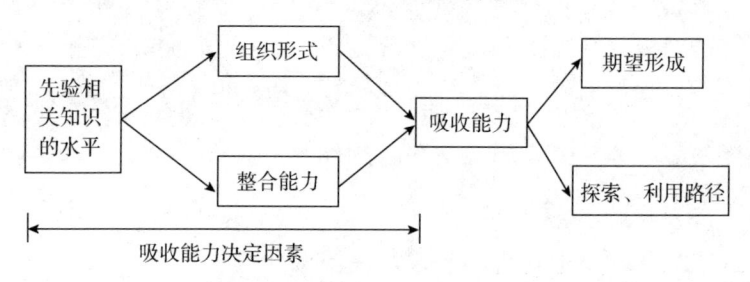

图2-4 基于组织维度的吸收能力模型

资料来源:VAN DEN BOSCH, F. A. J., H. W. VOLBERDA, M. DE BOER. Coevolution of Firm Absorptive Capacity and Knowledge Environment: Organizational Forms and Combinative Capabilities [J]. Organization Science: A Journal of the Institute of Management Sciences, 1999, 10 (5): 551-568.

表 2-6　企业组织结构、整合能力与吸收能力的关系

知识吸收的维度	组织形式			整合能力		
	职能制	事业部制	矩阵制	系统能力	协调能力	社会化能力
效率	高	低	低	高	低	高
范围	低	低	高	低	高	低
灵活性	低	高	高	低	高	低
对吸收能力的影响	消极	中性	积极	消极	积极	消极

资料来源：VAN DEN BOSCH, F.A.J., H.W. VOLBERDA, M. DE BOER. Coevolution of Firm Absorptive Capacity and Knowledge Environment: Organizational Forms and Combinative Capabilities [J]. Organization Science: A Journal of the Institute of Management Sciences, 1999, 10 (5): 551-568.

国内学者也对组织资本与吸收能力的关系作了深入的研究。刘常勇和谢洪明（2003）认为企业除了以研发投入与教育训练来强化员工的吸收能力外，发展学习型组织显然也是影响企业吸收能力的重大因素。企业虽然是由个人所组成，但企业的吸收能力不等于员工个人的吸收能力。企业的吸收能力除了包括自外部吸收新知识外，还包括新知识在组织内的扩散、利用与再创新，因此是一种外部学习与内部学习的整合。许小虎和项保华（2005）提出，良好的吸收能力需要良好的组织界面的设计。企业的组织界面指企业与外界产生联系的单元，这些单元承担着与环境的信息、资源的交换职能。组织成员之间的沟通是知识得以迅速吸收的重要手段。在企业成长的过程中，成员通过长期协作会形成默会的知识和特殊的沟通形式，这种沟通体系一定程度上影响到对外部知识的吸收。于渤和崔崑（2008）认为企业内部的组织管理因素是指企业内部有助于外部知识消化、整合及利用的一系列相关机制的集合，包括沟通机制、学习机制、知识共享机制、企业组织结构及企业文化等。高效率的知识共享机制有利于外部新知识在企业内部的传播；企业内部组织结构、文化的不同特征，将决定外部新知识在企业内部的理解、转化和利用；企业内部的学习强度和学习方法对企业外部新知识的扩散、解释和知识创新活动会产生重要的影响。简兆权等（2009）认为组织的吸收能力越强，对外界环境的掌握能力就越

反向知识溢出与创新绩效

强,组织所具有的动态能力也就越强,也就越有机会把竞争对手的外溢知识引入本企业内部。邹艳和张雪花(2009)指出组织资本是指资产创造和利用的基础,包括组织结构、文化、学习等属性。企业获取外部新信息的速度越快,调整组织形式和整合能力与多变环境匹配就会越及时,知识的吸收水平就会越高。而吸收能力反过来会使企业的员工获得更新的外部知识,员工又通过学习增加组织资本的存量,这种循环的过程使得企业知识再创造的概率变大。徐二明和陈茵(2009)认为组织机制作为吸收能力的影响因素,其中最为重要的是沟通机制和奖励激励机制。

2.2.3 吸收能力的调节作用

从现有研究文献来看,吸收能力即可以直接对企业绩效产生影响(Cockburn 和 Henderson,1998;Newey 和 Shulman,2004;Knudsen 和 Roman,2004),又可以在知识溢出影响企业绩效过程中起到调节作用。其中,后者是本节研究的重点。调节作用指的是调节变量对自变量(预测变量)与因变量(标准变量)之间作用方向和强度的影响(Barson 和 Kenny,1986)。

Jaffe(1986)发现企业的研发与知识溢出的相互作用对企业绩效有强烈的相关性。Cohen 和 Levinthal(1989)在《创新与学习:R&D 的两面性》一文中,首次提到 R&D 投资不仅产生新知识,而且可以增强同化和利用已有知识的能力。此后,吸收能力对知识溢出与企业绩效的关系的影响开始受到研究学者们的关注。Barney(1991)认为企业竞争优势的来源包括企业瞄准、吸收和利用必要的外部知识,以及对内部创新过程反馈的动态能力。当企业吸收能力很强时,预期绩效就会超过竞争对手。Jones 等(2001)研究了内部可获取的资源对于外部知识获取与企业绩效之间关系的调节作用。Zahra 和 George(2002)将吸收能力的实现过程分为了四个部分——获取、同化、转化和利用,并利用理论模型(见图 2-5)分析了这四个部分吸收能力在获取外部知识影响企业竞争优势过程中所发挥的不同作用。在 Zahra 和 George(2002)基础上,Fosfuri 和 Tribó(2008)进一步分析了吸收能力的调节作用。他们指出潜在吸收能力使企业容易接受外部知识,是沟通企业外部和内部的桥梁,而实现吸收能力则是在企业内部利用吸收的知识,并将其转化为创新成果(见图 2-6)。

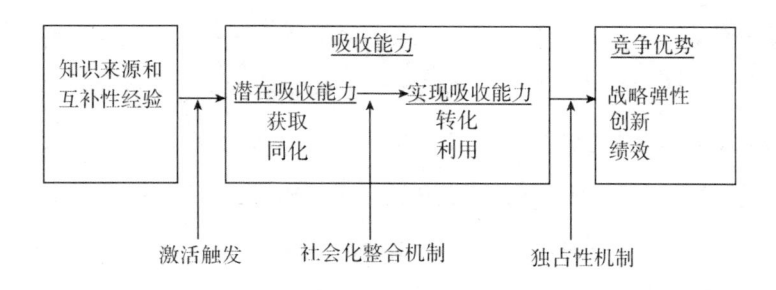

图 2-5　吸收能力调节作用模型

资料来源：SHAKER A. ZAHRA GERARD GEORGE. Absorptive Capacity：A Review，Reconceptualization，and Extension［J］. Academy of Management Review 2002，27（2）：185-203.

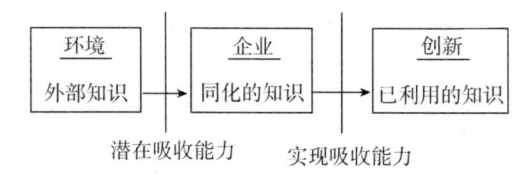

图 2-6　外部知识与创新成果模型

资料来源：ANDREA FOSFURI，JOSEP A. Tribó. Exploring the Antecedents of Potential Absorptive capacity and its impact on Innovation Performance［J］. Omega ，2008，36（2）：173-187.

一些学者在计量模型中加入交叉项，利用其系数的显著性、符号和大小来判断吸收能力的调节作用是否存在及其作用方向和强度。Nieto 和 Quevedo（2005）对 406 家西班牙企业的创新活动程度进行了调查分析，结果发现吸收能力在很大程度上决定了创新能力，说明吸收能力对于技术机会和创新能力之间的关系具有调节效应。Tsai 和 Wang（2008）利用 1998—2002 年 341 家台湾电子制造业数据，深入研究了外部知识获取在多大程度上影响了企业的绩效，以及这个影响程度是否受到内部研发的调节作用，并设计了一个理论模型（见图 2-7），该模型显示出内部研发通过两种途径影响了企业绩效。在检验过程中，他们以企业规模等作为控制变量，实证结果表明外部技术获取本身不能显著提高企业绩效，而依赖于内部研发投入的作用，换句话说，当加大内部研发投入力度，外部知识获取对企业绩效的影响也越大。这表明内部研发对外部知识获取和企业绩效之间有着正向的调节作用。Zahra 和 Hayton（2009）基于分层回归模型，利

反向知识溢出与创新绩效

用来自于 217 个全球制造企业数据对吸收能力的调节作用进行了实证检验。结果证明了吸收能力在国际风险投资和企业利润与收入增长之间起到了调节作用。这说明在解释国际风险投资行为与净资产收益率关系时，吸收能力是重要的权变因素。吸收能力可以促进知识流动，以利于企业产品升级和新产品开发，短期内达到更高的企业绩效水平。结果同样表明，新知识的相关性对于知识的吸收和利用也是重要的权变因素。

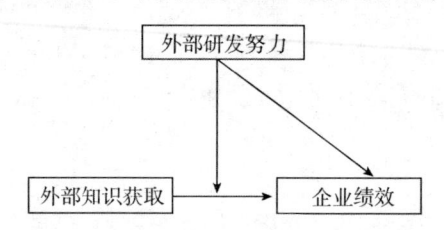

图 2-7　内部研发努力调节作用理论模型

资料来源：KUEN-HUNG，TASI JIANN-CHYUAN WANG. External technology acquisition and firm performance：A longitudinal study [J]. Journal of Business Venturing，2008，23：91-112.

值得注意的是，吸收能力调节作用中存在"门槛效应"，也就是说，当企业吸收能力跨越了一定的门槛之后，才能充分获取、同化、转化和利用外部知识溢出，最终改善企业绩效水平。刘明霞和王学军（2009）发现，要使对外直接投资对国内技术发展有正向溢出作用，必须跨越一定的人力资本门槛。只有那些人力资本（劳动力平均受教育年限）分别达到 7.85 和 7.91 的地区，对外直接投资才对全要素生产率和技术进步有积极的溢出效应。虽然引入交叉项的计量模型可以估计出具体的门槛值，但无法验证门槛值的正确性，以及对内生的"门槛效应"进行显著性检验，而 Hansen（1999）提出的非动态门槛面板模型则可以有效地解决这些问题。这种方法可以对模型单门槛、双门槛和三门槛假设上进行显著性检验，以及准确地估计门槛值。黄凌云等（2009）利用中国省际面板数据构建面板门槛模型，从金融发展视角讨论外商直接投资与技术进步的关系，研究发现：目前，我国金融发展对技术进步还不存在显著的直接促进作用；而 FDI 对技术进步的促进作用，即 FDI 技术溢出存在显著的金融发展"双门槛效应"。杨俊等（2009）以不同层次人力资本为门槛，分别研究了国外和国内邻近R&D溢出对本地技术创新的影响。实证结果显示外资和国内地区间购买技术的R&D溢出对本地技术创新的作用均存在不同人力资本门槛。在跨越门槛之后，高层次人力资本更适合吸收国外R&D溢出技术。

2.2.4 相关文献评述

综观国内外的研究文献可以发现，众多学者围绕着吸收能力从不同的层面（国家、产业、企业、个人）以及不同的角度（概念、成因、过程、成果）做了深入的研究，然而仍存在着以下不足之处。

(1) 大部分文献对吸收能力研究局限于内部研发投入和人力资本维度，忽略了社会资本和组织资本维度企业吸收能力的影响。在研究过程中，没有形成统一、完整的理论框架。

(2) 已有的研究文献更多的聚焦于吸收能力对企业创新绩效的直接作用，而对吸收能力在知识溢出与企业创新绩效之间的调节作用研究还不多，研究角度较为单一，其结果还有所争议。

(3) 显性和隐性知识具有不同的溢出特征，尤其是溢出渠道和溢出方的控制能力方面存在较大差异，因此针对不同的知识溢出，企业各种维度的吸收能力会产生不同的影响，而现有文献却很少考虑这种差异性。

(4) 在现有文献中，鲜见关于对外直接投资反向知识溢出的吸收能力实证研究，而且即使个别学者开展了相关研究，也是基于国家宏观层面角度，缺乏企业组织层面的研究。由于对外直接投资获取反向知识溢出的主体和作用机理与一般的知识溢出并不相同，因此有必要结合对外直接投资反向知识溢出的特点来探讨吸收能力的调节作用。

2.3 后进企业技术追赶理论

过去的二十年间，东亚地区的企业，特别是韩国、中国台湾等国家和地区的电子企业通过实施追赶战略取得了巨大的成功。这些企业在早期都面临着许多技术和市场困难，但企业利用分包、OEM等机制以克服市场进入壁垒，通过组织学习来吸收和利用合作伙伴的产品和工艺技术，缩短与世界先进水平的技术差距,最后实现技术赶超。这些企业作为典型的后进企业,与市场上的领先企业和跟随企业在战略定位、发展路径等方面有着明显不同。从 20 世纪 90 年代起,Hobday、Mathews 等学者对后进企业技术追赶战略从不同角度做了深入的研究和分析,对于发展中国家企业的成长有着较高的借鉴和参考价值。

2.3.1 OEM-ODM—OIM/OBM 模式

Hobday(1995)认为,企业可以由学习简单的制造技术发展到真正的创新。行业领先企业和跟随者的创新活动是研发和设计导向型,而后进企业的创新开始于产品制造过程的逐步改进。后进企业一般从 OEM 做起,即由客户提供产品设计,企业根据这些设计标准进行简单的产品生产和装配。当企业通过学习掌握了一定的上游的产品知识后,可以按照客户要求开展产品详细设计(ODM)。在此基础上,部分 ODM 企业技术能力进一步提高,可以独立发展自己的产品和创建品牌(见图 2-8)。

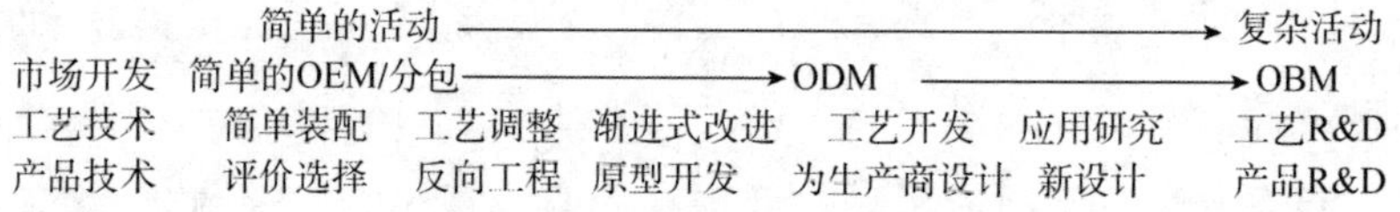

```
              简单的活动 ────────────────────────→ 复杂活动
市场开发    简单的OEM/分包 ────→ ODM ────→ OBM
工艺技术    简单装配    工艺调整  渐进式改进  工艺开发    应用研究    工艺R&D
产品技术    评价选择    反向工程  原型开发    为生产商设计  新设计     产品R&D
```

图 2-8 后进企业技术追赶模式

资料来源:HOBDAY, M. EAST Asian latecomer firms:Learning the Technology of Electronics [J]. World Development,1995,23 (7):1171-1193.

2.3.2 引进—模仿—创新模式

金麟洙(1998)提出,后进国家企业的技术发展过程与发达国家有所不同。他认为后进企业可以通过"获得—消化吸收—改进"三个阶段来提升技术和管理能力。后进企业创新活动从产品成熟阶段开始,在引进成熟技术的基础上,进行再创新,其重点集中在工艺创新和有限开发,而不是在研究上(见图 2-9)。

金麟洙强调了企业现有技术能力对获取外部技术的重要性。现有的技术能力不仅仅包括丰富的知识,它还包括识别在本国以外的有用的互补专业知识来源的能力。技术知识还促使企业识别新的外部信息价值,增强在技术引进谈判时讨价还价的能力。总之,技术能力有助于提高和利用外部

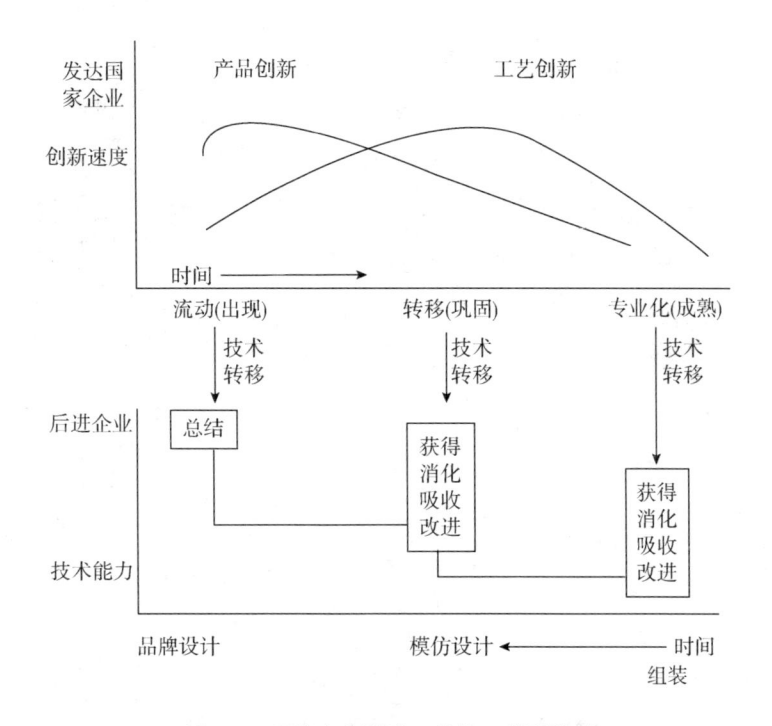

图 2-9 后进企业引进—模仿—创新模式

资料来源：金麟洙. 从模仿到创新[M]. 北京：新华出版社，1998：98.

信息的能力，而外部信息的转化则增强了企业的知识总体水平，也就是提高了技术能力。企业可以从三种机制获得技术能力：国际集团之间的相互作用、国内集团的相互作用和内部的努力。并且技术学习过程受到五种因素的影响：市场和技术环境、正规教育、社会文化、组织结构和公共政策。

2.3.3 关联、杠杆和学习模式

Mathews（2002）认为后进企业是产业的后来者，这不是后进企业的战略选择，而是有其历史必然性；后进企业在早期阶段缺乏技术资源和市场；后进企业的战略意图是实现技术追赶；后进企业起初有一定的竞争优势，包括低成本优势，他们可以利用这种优势嵌入到产业链中。现有的资源基础观能很好解释企业如何维持现有的竞争优势，但难以解释后进企业在缺乏资源的情况下，如何创造优势或超过现有优势。Mathews 提出了"关联—杠杆—学习"模式来解释后进企业的成功原因。

反向知识溢出与创新绩效

(1) 关联

后进企业一般不经过公开的市场交易,而是通过企业间的契约关系获得资源。如果后进企业能与行业中现有企业形成战略互补,满足后者的市场需求,并提供有价值的服务,那么后进企业有机会提升自己技术能力和实现产业升级,获得潜在的竞争优势。Mathews 指出在半导体和手机行业中,部分现有企业的战略转移能为后进企业创造四种联系机会:外包、OEM、本地采购和二次采购、技术许可。

(2) 杠杆

后进企业可以通过杠杆作用,以联盟和合资等形式从外部获取战略资源,并通过组织学习将各种资源整合,转化为自身的能力以产生竞争优势,从而有效地切入到全球价值链中。

(3) 学习

关联和杠杆作用不足以说明后进企业成功的原因所在。当后进企业利用杠杆作用获取了外部资源后,如何有效地吸收这些资源成为企业需要解决的问题。Cohen 和 Levinthal(1990)提出了吸收能力的概念,他们认为吸收能力是企业获取、吸收和利用外部信息的能力,并且与企业的先验知识结构紧密相关。因此,Mathews 认为,外部资源杠杆作用已成为后进企业实施追赶战略的主要途径,但这种方式依赖于企业吸收和利用外部资源(产品和工艺技术、隐性和显性知识)的效率。

Mathews 总结到"关联—杠杆—学习"模式的成功依赖于两种关键影响因素:企业的组织学习能力和对外部资源的选择。

2.3.4 五种技术发展路径理论

Wong(1999)发现小型后进工业化经济体,包括韩国、中国台湾、新加坡通过不同的国家创新体系模式在技术追赶方面取得了显著的成就。他将企业资源基础观、基于技术学习过程的网络互动观和以后进企业工业化为背景的制度经济学整合在一起,建立了相关的理论框架,并试图解释这三个不同的国家创新体系的演化模式。

Wong 指出先行者的优势就是后进者的劣势:先行企业拥有市场优势,他们可以早一步满足客户需求,以及产生转换成本(品牌认知、客户沉没成本等）；先行企业拥有先发制人的竞争优势，他们可以获取关键的资源及其非流动性；先行企业可以获取学习曲线效应（研发存量或干中学都是重要的）。此外，他指出，后进企业还有其他劣势：后进企业与发达国家客户市场的距离；后进企业与发达国家中先进技术资源的距离；后进企业资源相对短缺，专业投入不足，公共基础设施不完善。同时，他认为后进企业仍具有一定优势：当先行企业拥有大量专有资产服务于现有客户，但市场或客户需求发生变化，先行企业转换成本较高，后进企业却没有沉没成本而享有竞争优势；当技术发生重大变革，先行企业的现有能力变得过时或者被摧毁，后进企业就能享有优势；相对于后进企业而言，先行企业的组织惯性是一种劣势；在新技术领域的后进企业可以免费获得技术领先者的相关信息，如教育客户、避免试验成本和犯错、学习曲线效应的溢出、技术诀窍的扩散、更低的模仿成本等；后进企业还可以享受信息不对称的优势。

Wong 将企业技术能力划分为两个维度——产品技术能力和工艺技术能力，并在此基础上将后进企业技术发展路径分为五类。

第一，反向价值链战略（OEM→ODM→OIM 或 OBM）。实质上，这种战略是从发展加工装配能力开始，扩展至产品设计能力，最后获得新产品开发能力。这个过程与发达国家大型高科技企业通常开展的价值链活动顺序相反。

第二，反向产品生命周期战略。与反向价值链战略相对应，后进企业同时发展产品和加工技术。从一开始，他们就直接利用自身品牌在最终用户的低端市场开展竞争活动。这种战略不仅要发展纵向一体化产品和加工技术，同时还要建立品牌和营销网络，需要大量资金投入。然而，执行这种战略的后进企业很难改变自身的低端产品形象。

第三，加工能力专业化战略。由于产品商业化和市场开发风险很高，一些企业将精力和资源集中在成为专业制造企业，专门为产品开发企业服务。他们主动学习最新的加工技术，将其技术嵌入到生产过程中，提高产品质量，满足市场客户需求。

第四，产品技术领先战略。在这一战略中，企业通过激进的产品技术创新，试图超越其他人，成为新产品的领先者。

第五，应用领先战略。在这一战略中，后进企业并不想成为新技术的创新者，而更愿意将现有技术改进。这种战略的前提条件是企业组织拥有大量的互补的技术知识。

2.3.5 相关文献评述

目前，研究学者从技术发展路径、组织学习机制等角度来探讨后进企业的追赶战略。从现有文献中可以发现，后进企业实施追赶战略的前提条件是企业对外部资源的利用和组织吸收能力。其中，前者要求企业根据自身的竞争优势，如低成本优势，嵌入到跨国企业的全球价值链中，通过各种沟通渠道，从合作伙伴中获取技术知识，而后者则要求企业具有一定的技术能力和人才储备，才能将获取的外部知识有效地转化为企业的知识存量，并通过知识的整合和共享，创造出新的知识，从而提高企业的绩效水平。相比其他学者而言，Mathews 基于资源基础观提出的关联、杠杆和学习模式，较为系统和全面地概括了后进企业资源获取的机制和前提条件。

2.4 反向知识溢出效应研究

传统的国际直接投资理论强调，特定的所有权优势是跨国企业对外投资的前提条件，然而随着 20 世纪 90 年代以来跨国企业对外投资的迅速发展，尤其是发展中国家企业在不具有所有权优势的情况下，对发达国家逆向投资规模的不断扩大，其投资动因与传统对外投资理论存在着明显差异。Chung 和 Alcácer（2002）将这种以获取反向知识溢出为目标的对外投资动因称之为"技术寻求型"或"知识寻求型"。目前，众多学者从存在性、溢出渠道、前提条件、成果及其作用机制等方面对反向知识溢出效应展开了一系列的研究，其研究重点集中在验证反向知识溢出的存在性与反向知识溢出和母国技术进步之间的关系之上。

2.4.1 反向知识溢出存在性研究

已有的研究文献主要利用两种方法来验证母国企业在东道国是否获取了反向知识溢出。一种方法是基于地理距离对知识溢出的影响，即利用专利引用数据将反向知识溢出过程显性化，通过观察知识流动的轨迹，直接验证反向知识溢出的存在性。而另一种方法则是基于技术差距理论，通过比较投资国企业与东道国当地企业的技术能力优劣，以此区分跨国企业不同类型对外直接投资的动因，从而间接地验证反向知识溢出效应的存在。

(1) 基于地理距离的反向知识溢出存在性研究

专利引用数据给出了一个专利的引用次数和被引用次数。而且，在被引用的次数中，给出了被自己引用的部分所占的百分比。一个专利在提出申请时候，其引用次数的指标毫无疑问地表明了这个专利借鉴参考前人发明成果和知识积累的情况。引用次数越多，说明反向知识溢出的效应越明显（林青和陈湛匀，2008）。然而使用专利引用次数来直接测量反向知识溢出有其局限性。部分国家没有对相关数据进行专门统计，而且专利引用也只能部分测度反向显性知识溢出。东道国企业并不会将所有重要技术知识都通过申请专利的形式来寻求知识产权保护，更为重要的是这个指标忽略了隐性知识溢出。由于反向隐性知识溢出与具体的人和环境紧密联系在一起，通常难以直接测量，无法编码。因此，专利引用数据作为直接测量知识溢出的指标并不完善。

Almeida（1996）指出，流入美国半导体行业的FDI所建立的外资企业，比美国国内企业更倾向于引用当时的专利。这证明，在美国半导体行业中的外资企业FDI的主要目标是获得当地的技术资源。Branstetter（2000）发现，随着在美国收购的附属机构增加，日本企业更倾向于在他们申请的美国专利中引用美国的专利。他认为收购不仅为日本企业提供了被收购企业的专有知识资产，而且还获得了后者非正式技术网络和在美国创新网络中的知识共享关系。Branstetter（2006）利用专利引用次数作为知识溢出的衡量指标，在企业层面上实证检验了日本企业FDI和创新活动的面板数据。他发现FDI增加了双向知识溢出。知识溢出的程度和方向受到日本在美子公司的性质的影响。日本企业通过在美建立产品研发设施，更有利于追踪和学习美国的研发知识，所获得的知识溢出效应最高。林青

反向知识溢出与创新绩效

和陈湛匀（2008）以 10 个主要国家对美国的外商直接投资为横截单元，以不同国家 1990—1999 年的专利引用频率构成一套面板数据建立 FDI 反向溢出效应模型，通过变截距的固定效应模型 OLS 及似不相关回归 SUR 估计研究投资国获取先进技术与外商直接投资之间的关系。实证分析结果表明，投资国超出东道国的研发和高等教育水平越多时，该国有较好的技术吸收能力，反向溢出效应就越明显。

（2）基于技术差距的反向知识溢出存在性研究

跨国企业在东道国实现反向知识溢出，首先需要考虑投资企业与东道国企业技术能力的差距。只有当后者的技术能力优于前者，并且双方技术差距限定在一定范围内时，投资企业才能有效地获取和利用反向知识溢出。Shan 和 Song（1997）通过对美国生物技术行业研究，发现外国投资的目标是具有技术优势的企业，其中以企业的专利数量、股票市场的表现以及是否具有多元化的研究领域作为企业技术能力的衡量标准。然而，更多的学者是从创新投入和创新产出这两个角度来衡量企业的技术能力。

第一，基于创新投入的反向知识溢出存在性研究。国内外学者常用研发经费来作为研发投入指标，具体包括研发密度和研发支出。当东道国研发投入较大时，跨国企业的投资目标主要是为获取反向知识溢出，并使溢出效应最大化，从而间接验证了反向知识溢出的存在。Kogut 和 Chang（1991）考察了 1976—1987 年日本制造企业对美国的直接投资，以新进入的日本企业为因变量，以 R&D 支出衡量企业的技术能力。实证结果显示，美国 R&D 支出对日本企业的进入有明显的正面效应。Neven 和 Siotis（1996）基于行业层面数据，利用研发密度差距，对法、德、英、意四国 1984—1989 年的流入 FDI 动机及投资方式进行了实证检验。他们发现这四国之间投资为传统的资产利用型 FDI，而来自美国和日本的投资则具有技术寻求的倾向。Lichtenberg 和 Potteri（1996）利用 1971—1990 年美国、日本等国的进口、外商投资和对外直接投资数据进行了实证检验。他们发现通过进口和对外直接投资可以获取知识溢出。对于后者，他们认为东道国的研发密集度决定了投资国家获取反向知识溢出的程度。Chung 和 Alcacer（2002）利用随机参数 logit 模型检验了 1987—1993 年经济合作与发展组织国家对美投资情况。他们发现平均的 R&D 密度不能吸引 FDI。大

第2章 理论和文献回顾

部分投资企业是低技术行业，选择区位也是低技术地区，而研发密集型的行业更愿意投资于高研发密度的地区。其中，在生物制药行业的外资企业最看重地区研发密度。Driffield 和 Love（2003）利用 1984—1992 年英国制造业数据证明了反向溢出效应的确存在，同时发现反向溢出效应只限于相对研发密集型部门，而且这种反向溢出效应受到产业空间集聚的影响，即产业空间集聚程度越高，反向溢出效应也越高，说明技术获取存在地理限制。Ruckman（2005）注意到在 20 世纪 90 年代国内外企业大量收购了美国医药公司，其投资决策受到了投资目标与收购者研发密度的影响。外国收购者研发密度相对较低时，他们选择的投资目标就是高研发密度的产业部门，以获取先进的技术资源。而当收购者的研发密度高于收购目标的研发密度时，则主要体现了协同作用。姚利民和孙春媛（2007）发现我国企业对发达国家逆向型投资不是基于产业技术与管理的所有权优势，而是以本国产业比较成本优势为基础的获取战略资源为目标的投资，并利用技术水平的差异性（技术水平的差距以两国之间研发费用占 GDP 的比重差值除以中国研发费用占 GDP 比重来衡量）进行实证检验，结果表明中国与发达国家的技术投入差距越大，中国对发达国家的投资就越大，这说明中国对发达国家投资的其中一个最重要的动机就是为了获得发达国家的先进技术。

第二，基于创新产出的反向知识溢出存在性研究。国外学者采用了由专利数据构成的显性技术优势指数作为创新产出的指标。他们通过比较母国和东道国产业的显性技术优势指数，有效地区分了不同类型跨国企业对外直接投资动因，并明晰了跨国企业开展技术寻求型或战略资产寻求型对外直接投资所必需的技术条件，而这两种对外直接投资形式均为跨国企业获取反向知识溢出的主要渠道，从而间接地验证了反向知识溢出的存在。Patel 和 Vega（1999）研究调查了 220 家美国国际化程度最高的企业的专利活动，结果表明超过 75% 的企业趋向于将他们具有优势的核心领域技术拿到国外，10% 的企业则根据他们的国内劣势到海外去利用东道国的技术优势。他们将 Kuemmerle 提出的概念模型进一步推广，使用显性技术优势指数（Revealed Technology Advantage，RTA）来衡量在创新活动中的比较优势，RTA 被定义为一国某产业在美专利数与该国在美专利总数的比

反向知识溢出与创新绩效

值。他们将国际技术活动分为四类：母国 RTA<1，东道国 RTA>1，母国处于技术劣势，东道国处于技术优势，采取技术寻求型 FDI；母国 RTA>1，东道国 RTA<1，母国处于技术优势，东道国处于技术劣势，这接近于传统折中范式中的所有权优势或 Kuemmerle 的 HBE；母国 RTA>1，东道国 RTA>1，母国和东道国处于技术优势，这大约类似于 Kuemmerle 的 HBA 以及战略资产寻求型 FDI；母国 RTA<1，东道国 RTA<1，母国和东道国处于技术劣势，此时 FDI 动机与技术寻求无关。在 Patel 和 Vega (1999) 观点基础上，Le Bas (2007) 提出了将 R&D 活动中 FDI 分为四种战略类型。其中，技术寻求型 FDI 战略通过投资于具有技术优势的东道国来弥补母国的劣势。在这个方面有两种选择：一是根据母国的技术劣势在具有相对技术优势的东道国设立当地的 R&D 机构，以此提升企业的技术能力；二是收购国外技术。HBE 型 FDI（Home-base-exploiting FDI）与技术寻求型 FDI 恰恰相反，投资动机是为了在外国环境中利用已有的企业专有的技术能力。HBA 型 FDI（Home-base-augmenting FDI）或战略资产寻求型 FDI 瞄准的是母国和东道国都具有技术优势的领域，其 R&D 活动是为了监控和获得竞争优势，并与企业已有的优势形成补充，以此增加企业已有的知识存量。R&D 活动中市场寻求型 FDI，即母国和东道国都处于技术相对劣势的情况下，企业开展海外 R&D 投资，其战略目的不是以技术为导向。Cantwell 等（2004）对美跨国企业在英国子公司进行了实证研究，调查和搜集了最近美国对大型跨国企业专利授权量的数据，他们发现随着全球一体化的进程加快，在英国的美跨国企业越来越多地追求技术活动一体化的战略。跨国企业本地的创新活动更接近于东道国具有技术优势的产业，并利用当地特定的能力作为跨国企业竞争优势的来源。在实证检验过程中，他们着重分析了美国对英国的十大制造部门的直接投资，并以美国子公司取得的专利和部门显性技术优势指数为基础，比较了 1969—1995 年期间每一部门专利占制造业专利份额的变动与部门显性技术优势指数的变动。结果发现，在化学制药行业与非金属矿产品行业，美国企业利用当地技术资源进行研发活动，技术水平最终超过了英国企业；而在食品饮料烟草行业与摩托车行业，与英国同行的差距反而加大，但它们的技术水平超过了美国国内企业。

(3) 不具有显著效应的反向知识溢出存在性研究

部分学者在实证检验过程中，没有发现相关证据支持反向知识溢出效应的存在。Anand 和 Kogut（1997）发现，1974—1989 年日、德、英三国企业对美国的直接投资不存在技术寻求，即使是与美合资的国外企业进入也不是出于获取美方技术的动机。Bertrand 和 Zuniga（2006）利用 14 个 OECD 国家 1990—1999 年的数据进行实证检验，也没有发现国外并购对产业层面的研发活动有显著的影响。

2.4.2 反向知识溢出与投资母国企业技术进步

反向知识溢出效应最终体现在投资母国企业绩效的变化上。因此，反向知识溢出与母国企业技术进步之间的关系已受到越来越多学者的关注。本节从以下两个方面来回顾相关的研究文献：一是反向知识溢出促进母国企业技术进步的作用机理；二是反向知识溢出与母国企业技术进步之间关系的实证研究。

(1) 反向知识溢出促进母国技术进步的作用机理

第一，对外直接投资促进母国技术进步的作用机理。由于反向溢出机制是对外直接投资促进母国企业技术进步的主要作用机制之一。因此，部分国内学者将前者纳入到后者整体分析的框架内，从总体上加以研究。赵伟等（2006）认为对外直接投资促进投资母国技术进步具有积极的效应，并提出了四个作用机制：R&D 费用分摊机制、研发成果反馈机制、逆向技术转移机制和外围研发剥离机制。其中逆向技术转移机制指的是通过对技术先进国（一般为发达国家）的直接投资，获得逆向技术转移。王英（2008）指出技术获取型的对外直接投资可以通过三个渠道促进母国的技术进步，进而促进母国的产业结构优化。其中，包括反向技术外溢效应。陈菲琼和虞旭丹（2009）研究了企业对外直接投资与其自主创新能力之间的反馈机制，得出了四种主要的反馈途径：海外研发反馈机制、收益反馈机制、子公司本土化反馈机制、对外直接投资的公共效应。其中海外研发反馈机制和子公司本土化反馈机制是实现反向知识溢出的主要路径。

第二，反向知识溢出机制。其他国内学者进一步地从企业、产业和国家这三个层面系统、深入地研究了反向知识溢出实现机制，并重点剖析了东道国当地机构、跨国企业海外子公司、跨国企业母公司、母国其他企业

反向知识溢出与创新绩效

之间的知识逆向转移过程。这个过程是实现反向知识溢出机制的关键所在。邹玉娟和陈漓高（2008）指出，对外直接投资企业国外分支机构通过技术反流，向母国进行最新和先进技术的技术转移和扩散，从而带动母公司、其他子公司、母国行业及母国整体技术水平的提高。谢申祥等（2009）认为在东道国的技术水平高于母国的技术水平前提下，母国企业对外直接投资借助技术扩散效应、演示—模仿效应、产业链关联效应、人员培训效应促进母国的生产效率和技术水平的提高。

（2）反向知识溢出与母国技术进步关系的实证研究

对外直接投资促进母国技术进步的作用机理中，反向知识溢出机制起到了极其重要的作用。因此，国内外学者通过研究对外直接投资与母国技术进步的关系，间接地验证了反向知识溢出效应对母国企业技术进步具有积极的促进作用。由于反向知识溢出效应最终会对企业的生产成果和知识成果产生影响，因此在实证检验过程中，国内外学者通常将生产成果和知识成果的代理指标作为因变量，而将对外直接投资存量作为自变量，通过对外直接投资存量估计系数的符号、大小及显著性，来判断反向知识溢出是否存在以及对母国企业技术进步是否具有显著的促进作用。本节更为关注的是后者。部分学者还引入了影响反向知识溢出的其他因素，如吸收能力因素，以这些因素与对外直接投资存量的交叉项作为自变量，通过系数估计以研究其交互作用对母国企业技术进步的影响。

国外学者大多以全要素生产率、劳动生产率作为生产成果的衡量指标，从企业和产业层面来研究两者之间的关系。Potterie 和 Lichtenberg（2001）利用 13 个工业化国家 1971—1990 年的数据，检验了进口、引进外资与对外投资三种途径所导致的外国 R&D 对本国全要素生产率增长的贡献，结果显示德国、法国、英国、希腊、日本能通过对美投资，从美国的研发资本中获益，并且获益的程度超过了从美国进口货物和服务所带来的技术溢出。Vahter 和 Masso（2005）从企业层面分析了爱沙尼亚开展海外投资的溢出效应对其他企业的全要素生产率的影响，结果发现 FDI 流出对投资企业有正的溢出效应，但对其他企业的溢出效应却不显著。

也有国外学者得出相反结论。Braconier 等（2001）利用企业的面板数据研究得出，在企业层面与产业层面的对外直接投资都没有对瑞典企业生产率提高产生任何影响。

2008年以来,反向知识溢出与母国技术进步的关系已引起国内学者的极大兴趣,相关的实证文献也逐渐增加。中国学者主要从国家宏观层面检验对外直接投资对全要素生产率的影响,从而间接地验证了反向知识溢出的作用。赵伟等(2006)实证检验发现,我国对外投资总额的估计系数为0.087,数字虽然比较小,但是参数估计是显著的,表明我国对外直接投资每名义增长10%,则能促进全要素生产率增长0.9%,我国的对外直接投资能够促进母国的生产率增长,尽管作用的强度较小,但是这种影响效果却是显著的。邹玉娟和陈漓高(2008)对我国对外直接投资增长率和全要素生产率增长率的关系做了初步的实证研究,结果发现,在过去20年里,两者之间有一定的同步关系,但由于现阶段我国对外直接投资规模较小、力度较弱,对外直接投资增长率对全要素生产率增长率的作用并不是十分明显,但同时也意味着随着我国企业"走出去"步伐的加快,我国对外直接投资增长率对全要素生产率增长率的贡献空间很大。王英和刘思峰(2008)验证了对外直接投资对于投资母国具有反向技术外溢效应。但与国内研发资本存量对于全要素生产率的贡献相比,对外直接投资对于全要素生产率的贡献较小。白洁(2009)采用LP方法测算了我国对外直接投资溢出的国外研发资本存量,并通过国际R&D溢出回归方法,实证检验逆向技术溢出效应是否存在。结果显示,对外直接投资作为国际技术溢出的途径,对我国全要素生产率的增长有正向作用。但我国对外直接投资产生的逆向技术溢出效应在统计上不显著。

知识成果一般以专利申请数和授权数来衡量。与其他衡量知识成果的指标相比,专利标准稳定、客观、统计方便,容易获取,不受汇率波动和价格的影响,所以尽管专利存在着种种缺陷,仍被认为是衡量创新产出相当可靠的指标(Acs等,2002)。其中专利申请量由于较少受到政府专利机构等人为因素的影响,比专利授权量更能反映知识成果的真实水平(Griliches,1990)。刘明霞(2009)利用2002—2007年省际面板数据研究了我国对外直接投资的短期与长期逆向技术溢出效应。结果表明,从全国来看,我国FDI流量对国内的总专利、发明和实用新型专利申请量都有显著的正向影响,而对外观设计专利申请有负向影响(不显著);与之相反,

反向知识溢出与创新绩效

我国 FDI 存量只对国内的外观设计专利申请有显著的正向影响,对其他专利的影响则不显著。这说明我国 FDI 可能缘于技术寻求而在短期内对国内较高层次的创新活动有逆向溢出效应,同时由于吸收能力低,长期内只对国内最低层次的创新活动有逆向溢出效应。

近几年来,在国内期刊发表的研究文献中,吸收能力对反向知识溢出效应的影响开始越来越受到国内学者的重视。目前,国内学者主要采用宏观数据以验证投资国吸收能力在反向知识溢出对母国技术进步影响中所发挥的作用。在计量模型中,研究学者加入了人力资本和研发投入等投资国吸收能力因素,利用其交叉项的系数来判断吸收能力是否增强了反向知识溢出对母国技术进步的促进作用。刘明霞和王学军(2009)利用 2003—2007 年的省际面板数据检验了我国对外直接投资的逆向技术溢出效应,实证结果表明,吸收能力影响着逆向技术溢出的大小,要使对外直接投资对国内技术发展有正向溢出作用,必须跨越一定的人力资本门槛。只有那些人力资本(劳动力平均受教育年限)分别达到 7.85 和 7.91 的地区,对外直接投资才对全要素生产率和技术进步有积极的溢出效应。谢申祥等(2009)考虑了人力资本在反向知识溢出影响母国技术进步过程中所起到的作用。在模型中,以人力资本与对外直接投资的交叉项表示对外直接投资和人力资本两者共同作用提升或降低技术水平。实证结果发现,人力资本和对外直接投资交互作用对技术进步产生了负面效应,对外直接投资技术溢出存在一定的反向"门槛"特征。这体现了随着我国人力资本的提高,对外直接投资所产生的边际技术溢出效应下降。周春应(2009)建立了包含 OFDI 的扩展的 C-D 生产函数,实证检验结果显示,我国 OFDI 存在显著的逆向技术溢出效应。R&D 人员和科技活动人员等高素质技术人才、经济开放度、经济结构、基础设施是我国 OFDI 逆向技术溢出效应实现的四个重要影响因素,而 R&D 经费投入、专业技术人员、金融发展、经济发展水平、社会资本尚未对我国 OFDI 逆向技术溢出效应实现产生促进作用。

2.4.3 相关文献评述

由于我国技术创新基础薄弱、研发投入低、大部分产业的核心技术尚未突破,因此,这种反向知识溢出效应有利于我国企业发挥后发优势,实

第 2 章 理论和文献回顾

现技术赶超,具有很重要的战略意义。

从现有的研究文献来看,大多数学者从理论上充分肯定了反向知识溢出的存在,并且也得到了国家、产业和企业层面实证检验结果的支持。但也有部分学者持相反结论,这可能存在以下几方面原因:第一,反向知识溢出效应受到多种复杂因素的影响,包括东道国企业对反向知识溢出的控制意愿和能力、企业间技术差距、企业间地理和社会距离、溢出渠道是否畅通、接受方的吸收能力以及其他宏观环境因素等。其中,技术差距和投资企业吸收能力是影响反向知识溢出效应的关键因素;第二,反向隐性知识溢出数据获取和测量非常困难,而且常常被研究者所忽略;第三,跨国企业对外直接投资既可能是利用企业已有的所有权优势,也可能为了获取东道国反向知识溢出,这导致反向知识溢出效应不明显;第四,在实证过程中,研究者所采用的计量方法、理论模型、代理指标、选取年限、数据来源、产业部门性质等存在较大差异,也会导致结果的不一致。

国内学者通过研究对外直接投资与母国技术进步之间的关系,发现我国企业在发展中国家和发达国家的直接投资对母国的技术进步具有不同的作用机理。对于前者的作用机理主要是分摊研发成本,扩大研发投入,而对于后者的作用机理,反向知识溢出机制则起到了关键的作用,包括人员流动效应、产业关联效应、示范效应等。值得注意的是,大部分学者忽略了吸收能力在反向知识溢出促进母国技术进步的过程中发挥的作用,或者已认识到吸收能力是反向知识溢出的前提条件,但却没有将吸收能力这个关键影响因素纳入到相应的理论框架内。大多数学者利用生产成果和知识成果作为技术进步代理指标,证明了反向知识溢出对母国技术进步有着促进作用,并且在很大程度上受到人力资本、研发投入等吸收能力因素的影响。然而这些研究方法却存在一定局限性:第一,研究学者通常使用的是对外直接投资的总量指标,包括了资产利用型 FDI 和资产寻求型 FDI,难以有效区分不同类型对外投资的促进作用;第二,国内研究文献缺少企业组织和产业层面相关反向知识溢出效应的实证检验,这可能是因为难以获取企业层面的数据。在实证过程中,国内学者将中国跨国企业作为一个整体加以分析,而忽略了个体差异。

第 3 章　我国企业对发达国家投资与创新绩效

我国跨国企业对发达国家投资产生的反向知识溢出效应直接体现在对企业绩效的提升作用上,其中反向知识溢出效应对创新绩效的影响是本章关注的重点。因此,本章通过研究我国企业对发达国家投资与创新绩效之间的关系,全面和深入地分析反向知识溢出相关的作用机制和影响因素。

3.1　我国企业对发达国家投资的发展现状

3.1.1　我国企业对发达国家投资的动因

一些学者对中国企业向发达国家投资的动因做了深入的研究。Ping (2007) 指出,中国企业投资海外是因为他们希望获得知识,学习新的技术和能力,增强竞争力和建立世界品牌。由于中国企业面临着日趋激烈的全球竞争,而且缺乏创新技术和品牌,需要额外的资源来弥补竞争劣势。因此,他们对工业化国家的投资主要动机是寻求战略资源,以加强他们在全球市场上的竞争力。国内学者孙春媛、姚利民和王峰 (2006) 对浙江企业向发达国家投资的意向进行了问卷调查,结果发现对浙江企业向发达国家投资影响程度排名前列的变量为扩大市场、获取通行的管理经验、取得先进技术与研发成果等,这表示浙江企业对发达国家的投资目标主要是以寻求市场和寻求技术为主。姚利民和孙春媛 (2007) 在实证研究过程中发现,中国与发达国家的技术投入差距越大,中国对发达国家的投资规模就越大。这一点说明中国对发达国家投资的其中一个最重要的动机就是为了获得发达国家的先进技术。中国国际贸易促进委员会在《2009年中国企业对外投资现状及意向调查报告》中指出，扩张市场是中国企业目前对外投资最主要的目的。居于第二位的是获取国外先进技术和管理经验，其他投资目的包括降低成本、利用东道国的自然资源、获取国际知名品牌和回避贸易壁垒等。综观上述研究可以发现，扩大市场和获取先进的技术知识是我国企业对发达国家投资的主要动因。此外，"制度距离"是我国企业对发达国家投资的外部动因。发达国家有着良好和稳定的政治环境，政治透明度较高，腐败程度较低，并且制订了完善的法律法规对投资者的利益和行为予以保护。值得注意的是，为了遏制由美国次贷危机造成的经济衰退以及提高本国就业率，各个发达国家政府部门纷纷采取各种措施和制定优惠政策以吸引外国投资者。这为我国企业对发达国家投资提供了良好的机遇。从国内政策环境来看，2000年中国政府首次提出实施"走出去"战略，并逐步出台了一系列的对外投资政策和法规，鼓励企业对外投资，例如2002年10月，原外经贸部联合国家外汇管理局颁布了《境外投资联合年检暂行办法》，2004年国家发改委和中国进出口银行颁布的《关于对国家鼓励的境外投资重点项目给予信贷支持政策的通知》，2004年商务部发布了《关于境外投资开办企业核准事项的规定》，2005年国家外汇管理局发布《关于扩大境外投资外汇管理改革试点有关问题的通知》，商务部、外交部、国家发展改革委分别于2004年、2005年和2007年联合制定了《对外投资国别产业导向目录（一、二、三）》，2007年和2009年商务部、国家统计局、国家外汇管理局发布了《对外直接投资统计制度》，2009年商务部颁布了《境外投资管理办法》等。这一系列的政策和法规进一步放松了对境外投资项目审核的管制，简化了审批程序，规范了对外投资行为，加大了资金支持力度，以及完善了对外投资的服务和监管体系。

本节进一步从国家宏观层面、产业中观层面和企业微观层面来分析我国企业知识寻求型对外投资的深层次原因。

（1）国家宏观层面

我国政府部门通过"大力开发低碳技术，推广高效节能技术，积极发

反向知识溢出与创新绩效

展新能源和可再生能源",努力推动经济发展模式向低碳经济转型。经济发展模式的转变依赖于能源结构和产业结构的调整和优化,其中关键是技术创新。然而与发达国家相比,我国技术积累不足,高素质人才缺乏,导致技术创新能力水平低下。2007年我国研发经费占GDP比重仅为1.49,而美国、法国、英国、德国和日本等发达国家所占比重均超过了2.0。中国每万名劳动力中研究人员数仅为18人,而美国、法国、英国、德国和日本等发达国家研究人员数均在60人以上。因此,我国跨国企业通过对发达国家开展知识寻求型投资,与同行业企业进行多层次的国际交流和合作,可以有效提高我国企业的技术创新能力。

(2)产业中观层面

我国企业大多为承接发达国家转移成熟的劳动密集型产业而逐步发展起来的,在国际分工体系中处于低附加值的生产加工环节。而西方跨国企业则牢牢控制着研发和销售的高附加值环节。他们不仅采取"技术锁定"、独资化等方式对技术转移的过程加以控制,还通过"挤出"和"替代"效应抑制我国企业的技术创新。这不仅加深了我国对西方跨国企业的技术依赖,而且还会使我国企业始终被锁定在全球产业链中的低附加值环节,成为西方跨国企业廉价的加工基地,其技术创新能力也会在不同程度上被削弱,最后产生产业升级路径依赖现象。因此,只有我国跨国企业主动"走出去",以对外直接投资的方式在发达国家获取重要的战略资源,才能打破产业升级路径依赖,实现产业结构优化升级。

(3)企业微观层面

由于知识具有正的外部性,我国跨国企业可以以较低的成本获取发达国家先进的知识,而不必给予完全补偿。发达国家当地企业不愿意"引狼入室"增强自己竞争对手的实力,因此,我国跨国企业很难以市场交易的方式获取关键技术。而且,即使我国企业可以通过市场交易方式购买技术,也可能出现交易成本过高、技术层次较低的问题。因此,通过对发达国家获取反向知识溢出是促进我国企业技术进步的现实选择之一。

知识溢出具有空间约束性,其实现程度与溢出主体之间的社会和心理距离成负相关,尤其是隐性知识具有黏性特征,它更多地依赖于人与人之间非正式的面对面交流和互动。这要求我国跨国企业投资于东道国创新活动集聚地，以便于零距离接触外部知识源。由于大部分创新活动和新产品技术的市场应用都发生在发达国家，这就为我国跨国企业提供了很好的组织学习的机会。企业通过组织学习获取与市场相关的技术知识，并利用内部学习机制使新知识在组织内部快速扩散、利用和再创新，以减少企业下一轮研发费用的投入，同时还可以增加企业的知识多样性，降低竞争风险，避免产品同质化竞争，有利于企业对新出现的技术机会进行有效的鉴别，并加以利用。

世界范围内技术变革速度加快，产品生命周期越来越短。一个企业没有资金和技术能力是不可能在所有产品领域同时展开研究的。因此，对发达国家投资直接获取最新的产品技术或者将接近完成的产品项目作为技术储备，是我国跨国企业保持和增强在国际市场上竞争能力的有效路径之一。

从国际化创业视角来看，一些中小型企业，特别是具有国外工作和留学背景的管理团队的高科技企业，熟悉发达国家的社会经济文化环境，并愿意承担海外投资风险。这些企业的国际化过程并不需要经过传统的贸易阶段，他们直接在发达国家技术创新活动聚集地建立研发实验室，以获取自身成长过程中所急需的战略资源。

在全球化竞争压力下，随着国际分工的不断深化，我国跨国企业需要根据各国资源禀赋差异，在全球范围内优化配置资源，选择最优区位，进而将价值链各个环节设置在不同地点。同时，基于我国跨国企业全球发展战略，对这些环节予以充分整合和协调，从而构建企业持续的竞争优势。例如：我国企业可以将生产环节设置在国内或靠近市场的地点，而将研发和销售环节设置在发达国家。

从海外子公司的定位和作用的演变角度来看，随着海外子公司的战略自主性增强，在企业内部网络中他们由母公司知识的接受者转变为知识的贡献者。我国跨国企业通过海外子公司大量获取发达国家当地的外部知识，并经过转化和利用，促进企业绩效提升。这已成为我国跨国企业竞争优势的重要来源。

反向知识溢出与创新绩效

3.1.2 我国企业对发达国家投资地区和行业分布

2003—2008年[1]我国企业对主要发达国家投资流量平均增长率为1.28，而对发达国家投资存量平均增长率为0.54。这表明我国企业对主要发达国家投资规模总体上处于上升趋势，但其增长率波动幅度较大，说明我国企业对发达国家投资容易受到企业内外部环境因素的影响。

2003—2008年我国企业对主要发达国家投资流量占总对外投资金额比例平均值为0.09，而投资存量占总对外投资比例平均值也仅为0.07。这表明我国跨国企业投资区域在全球范围内分布并不均衡，尤其是对主要发达国家投资规模偏小，不利于获取东道国先进的技术知识和管理经验。

从2008年我国企业对外投资存量来看，我国企业对发达国家投资主要集中在美国、加拿大、新加坡和澳大利亚这四个国家，其投资存量均超过10亿美元，特别是我国企业对澳大利亚投资增长较快，2008年增长幅度高达132.4%（见表3-1）。

表3-1 我国企业对主要发达国家投资规模（单位：万美元）

国别	投资规模	2003年	2004年	2005年	2006年	2007年	2008年
美国	流量	6 505	11 993	23 182	19 834	19 573	46 203
	存量	50 233	66 520	82 268	123 787	188 053	238 990
加拿大	流量	−730	512	3 244	3 477	103 257	703
	存量	4 618	5 879	10 329	14 072	125 452	126 843
日本	流量	737	1 530	1 717	3 949	3 903	5 862
	存量	8 931	13 949	15 070	22 398	55 827	50 969
瑞典	流量	17	264	100	530	6 806	1 066
	存量	607	644	2 246	2 002	14 693	15 759
丹麦	流量	7 388	−778	1 079	−5 891	27	133
	存量	7 443	6 702	96 599	3 648	3 675	3 808

---

[1] 由于2003年以后的我国对外投资统计口径发生较大变化，因此本节从2003年对相关指标进行描述。

续表

国别	投资规模	2003年	2004年	2005年	2006年	2007年	2008年
法国	流量	45	1 031	609	560	962	3 105
法国	存量	1 312	2 168	3 382	4 488	12 681	16 713
德国	流量	2 506	2 750	12 874	7 672	23 866	18 341
德国	存量	8 361	12 921	26 835	47 203	84 541	84 550
意大利	流量	29	310	746	763	810	500
意大利	存量	1 918	2 084	2 160	7 441	12 713	13 360
荷兰	流量	447	191	384	531	10 675	9 197
荷兰	存量	590	897	1 495	2 043	13 876	23 442
西班牙	流量	—	170	147	730	609	116
西班牙	存量	10 181	12 767	13 012	13 672	14 285	14 501
韩国	流量	15 392	4 023	58 882	2 732	5 667	9 691
韩国	存量	23 538	56 192	88 222	94 924	121 414	85 034
新加坡	流量	−321	4 798	2 033	13 215	39 773	155 095
新加坡	存量	16 483	23 309	32 548	46 801	144 393	333 477
澳大利亚	流量	3 039	12 495	19 307	8 760	53 159	189 215
澳大利亚	存量	41 649	49 458	58 746	79 435	144 401	335 529
英国	流量	211	2 939	2 478	3 512	56 654	1 671
英国	存量	7 515	10 846	10 797	20 187	95 031	83 766
合计	流量	35 265	42 228	126 782	60 374	325 741	440 898
合计	存量	183 379	264 336	443 709	482 101	1 031 035	1 426 741
增长率	流量		0.20	2.00	−0.52	4.40	0.35
增长率	存量		0.44	0.68	0.09	1.14	0.38
占总对外投资比例	流量	0.12	0.08	0.10	0.03	0.12	0.08
占总对外投资比例	存量	0.05	0.06	0.08	0.06	0.09	0.08

资料来源：《中国商务年鉴》和《中国对外直接投资统计公报》。

表3-2显示，我国企业对欧盟和美国投资领域分布较为广泛，其投资重点集中在批发零售、制造业和金融业。表3-3显示，在我国企业对美制造业投资中电子、电气行业和金属制品业的投资规模较大。这从侧面验证

反向知识溢出与创新绩效

了我国对这些发达国家投资的目标是扩大市场份额以及获取战略资产。同时也表明,我国的相关行业发展较为成熟,具有了一定的竞争优势,正在积极参与到国际市场竞争中来。值得注意的是,澳大利亚的自然资源非常丰富,我国企业对其采矿业投资规模远远超过其他行业,因此,我国对澳大利亚的投资主要是自然资源寻求型 FDI。

表 3-2 2008 年我国企业对主要发达国家投资行业分布(单位:万美元)

产业	欧盟[1] 投资存量	比例(%)	美国 投资存量	比例(%)	澳大利亚 投资存量	比例(%)
交通运输、仓储	17 038	5.4	22 396	9.4	—	1.3
商务服务	33 441	10.5	17 666	7.4	—	5.9
批发零售	44 427	14	85 957	36	—	9.8
建筑业	—		2 945	1.2	—	0.9
采矿	22 759	7.2	3 055	1.3	—	73
科学研究、技术服务	—		2 862	1.2	—	
信息传输、计算机服务	—		9 778	4.1	—	
农林牧渔	13 849	4.4	—		—	
房地产	6 695	2.1	2 398	1	—	2
居民服务和其他服务业	—		1 877	0.8	—	
制造业	81 248	25.6	56 212	23.5	—	3.6
金融业	77 528	24.4	31 600	13.2	—	2.6
其他	20 400	6.4	2 244	0.9	—	0.9
合计	317 385	100	238 990	100	—	100

注:"—"代表没有统计相关数据。

资料来源:《中国对外直接投资统计公报》。

---

[1] 我国相关部门是将欧盟国家作为一个整体进行统计。在欧盟国家中,我国企业对发达国家直接投资占据主导地位,因此将欧盟总量指标作为其中发达国家的替代指标。

表 3-3 我国企业对美国制造业投资行业分布（单位：百万美元）

投资存量	食品	化工	金属制品	机械	电子、电气	交通运输设备	其他	总计❶
2003年	*	-19	D	-33	-50	16	D	-56
2004年	-1	1	98	-32	-51	10	1	27
2005年	-5	-4	D	-46	3	D	3	58
2006年	-9	-116	6	-31	-7	D	-7	D
2007年	*	-277	126	*	174	-133	-122	-231

续表

投资存量	食品	化工	金属制品	机械	电子、电气	交通运输设备	其他	总计
2008年	-3	-272	125	-34	111	-174	-136	-384

注："—"代表资本流出；"*"表示投资规模在-50万~50万美元；"D"表示信息尚未披露。

资料来源：美国商务部经济分析局网站（www.bea.gov）。

3.1.3 我国企业对发达国家投资主体

根据中国商务部统计，2009年各省市中方实际对外直接投资额为945 082万美元，比2008年增长了53.83%（西藏地区对外投资规模偏小，因此没有计算在内）。其中，东部地区对外投资规模达到612 663万美元，占总对外投资规模比重为64.83%；中部地区对外投资规模达到238 043万美元，占总对外投资规模比重为25.19%；西部地区对外投资规模较小，仅有94 376万美元，占总对外投资规模比重为9.98%。显然，我国东部地区企业对外投资规模已远远超过中部和西部地区。这是因为：一方面，东部地区经济发展较快，涌现出一大批资金和技术力量雄厚的企业；另一方面，东部地区企业受原材料、土地和劳动力成本上涨等因素的影响尤为明显。这些企业或者将产业向我国中西部地区和东南亚国家转移，或者努力向价值链中的高附加值环节攀升，但由于自身技术积累不足，而且缺乏

---

❶ 由于中美对FDI统计口径相差很大，制造业整体投资数据有所不同。而本节主要考虑我国企业对美制造业投资行业分布情况，因此数值差异不影响分析结果。

反向知识溢出与创新绩效

核心技术,因此越来越多的国内企业主动"走出去",利用发达国家的技术和人力资源,缩小与世界先进水平的技术差距。

从登记注册的类型来看,我国企业对外投资主体呈现出多元化的发展趋势。有限责任公司所占投资主体比重迅速上升,而其他登记注册类型企业所占比重都出现了下降趋势。值得注意的是,国有企业所占比重持续减少。尽管国有企业在融资等方面享有诸多特权,但其历史和社会包袱沉重,机制仍显僵化,行政干预较多,治理结构并不透明,对外投资容易产生机会主义致使国有资产流失。因此,国有企业对外投资增长速度正在放慢。而民营企业在海外投资过程中日益活跃。他们大多数是从20世纪80年代中后期或90年代发展起来的,已初步完成了资本的积累,而且他们从诞生起就参与到激烈的市场竞争中,具有高效、灵活的投资决策机制和较强的开拓精神,企业受政府部门的行政干预较少,向国际市场扩张的愿望较为强烈。

表3-4　我国企业对外投资主体按登记注册类型所占比重（单位:%）

年份	国有企业	集体企业	股份合作	外商投资	有限责任	股份有限	私营	港澳台投资	其他
2007	19.7	1.8	7.8	3.7	43.3	10.2	11	1.8	0.7
2008	16.1	1.5	6.5	3.5	50.2	8.8	9.4	1.8	2.2

资料来源:《中国对外直接投资统计公报》。

3.1.4　我国企业对发达国家投资方式

我国企业对外直接投资方式以合资和兼并收购为主。2007年美国次贷危机爆发后,2008年我国企业跨国兼并和收购金额高达302亿美元,比上年增长379%,占当年流量的54%,其中非金融类收购205亿美元,占比重为67.9%。世界经济持续低迷为我国企业提供了很好的"海外抄底"机会。2009年我国企业在发达国家开展的并购活动显得尤为活跃,十大并购目的地中发达国家就占了7个,其并购金额所占比重超过了80%。从表3-5中,可以发现2009年我国企业跨国并购动机明显分为两类:一是获取技术、品牌和海外市场,也就是市场寻求型和战略资产寻求型FDI;二是获取能源和原材料等自然资源,也就是资源寻求型FDI,后者投资主体以国有企业居多。

表 3-5 2009 年我国企业跨国并购典型案例

企业名称	金额	对象	企业名称	金额	对象
潍柴	299 万欧元	法国博杜安	万向		美国 DS
中石化	72.4 亿美元	瑞士 Addax 新加坡石油公司	兖州煤业	189.51 亿澳元	澳大利亚 Felix Resources
苏宁电器		日本家电连锁企业 LAOX	西安飞机工业集团	1 亿欧元	奥地利未来先进复合材料股份公司
宁波圣龙	1 599.4 万美元	美国博格华纳旗下 SLW	京西重工	9 000 万美元	美国德尔福减振制动部门
宁波韵升	11.7 亿日元	日本日兴电机	北汽	14 亿瑞典克朗	瑞典萨博部分技术
吉利汽车	5 800 万澳元 18 亿美元	澳大利亚 DSI 沃尔沃轿车			

资料来源：中国商务部投资指南网站。

对于我国跨国企业战略资产寻求型对外投资，尤其是以获取东道国信息和智力资源为目标的投资活动，显然合资或并购方式有利于我国跨国企业实现反向知识溢出最大化。其中，相比合资方式而言，跨国并购更具有优势：第一，可以更快地获取东道国企业先进的技术资源，特别是专利技术的所有权，从而减少技术研发成本，缩短新产品开发周期。例如：中集集团在 2004 年收购了英国 GLive Smith Cowley 60% 的股权，获得了 DOMINO 折叠箱专利技术。第二，我国企业在合资谈判过程中往往处于劣势，而且为了获取技术，通常在合资公司股权比例上做出让步。因此，国外企业有更强的控制能力防止核心技术溢出，并使我国企业对其产生技术依赖。第三，我国企业通过并购方式不仅容易获得被收购企业的核心技术，而且能够直接利用被收购企业所处的社会网络关系，扩大海外市场份额，同时也可以接近更为广泛的外部知识源。例如：2005 年万向收购了美国轴承生产企业 PS，成为美国汽车企业克莱斯勒和通用的一级零部件供

反向知识溢出与创新绩效

应商。第四,我国企业与发达国家当地企业的文化距离较远,并购方式可以提供了一个全面了解东道国市场和文化的平台,有利于母公司进行市场渗透。值得注意的是,我国大多数企业更愿意以独资新建的方式在发达国家设立研发中心(见表3-6)。这种方式有利于我国跨国企业限制对当地企业的技术溢出,而且海外研发中心可以拥有较大自主权,能根据我国跨国企业全球经营战略设计自身的研发战略,并降低跨国企业内部协调成本。

表3-6 我国企业在发达国家以独资新建方式设立海外研发中心

企业名称	设立地点	时间	企业名称	设立地点	时间
海尔	东京 硅谷 洛杉矶 里昂 阿姆斯特丹 蒙特利尔	1994 1996 1999 2000 2000 2000	华为	硅谷 达拉斯 斯德哥尔摩	1993 1999 1999
北大方正	多伦多	2001	联想	硅谷	1992
中兴通讯	圣地亚哥 首尔	1998 2000	格兰仕	硅谷 硅谷 首尔	1997 1999 2006
康佳	硅谷	1998	长安汽车	都灵 东京	2003 2008
创维	硅谷	2000	海信	硅谷 荷兰	2001 2007
万向	芝加哥	2001	长安汽车	意大利	2003
南车集团	美国	1005	清华同方	新加坡	2007
三一重工	德国	2008	金蝶国际软件集团	新加坡	2010

资料来源:中国商务部投资指南网站。

3.2 我国企业向发达国家投资对创新绩效的作用机制及影响因素研究

3.2.1 我国企业向发达国家投资对创新绩效的作用机制研究

我国企业对发达国家的投资能够促进创新绩效的提高，其作用机制主要包括：研发成本的分摊机制和反向知识溢出机制。

(1) 研发成本分摊机制

研发成本分摊机制主要从两个方面来影响企业的创新绩效。

第一，加大研发投入、降低单位产品研发的费用。我国企业向发达国家投资的主要动因之一是扩大海外市场份额。目前，国内市场日趋饱和，竞争程度愈加激烈，企业产品只有微薄的利润空间，难以承担巨额的研发费用。发达国家居民人均收入水平很高，市场潜力巨大。我国企业通过在发达国家当地投资，更加贴近市场，对客户需求能够做出快速准确的响应。这有利于企业占领当地市场，扩大产品生产规模和销售收入，使企业可以加大研发投入，并通过生产规模的增加来减少单位产品的研发支出。

第二，东道国研发要素的有效利用。我国跨国企业海外子公司通过东道国研发要素的有效利用来开展研发活动需要，包括积极吸纳当地优秀人才和充分利用发达国家良好的研发环境。从表3-6可以发现，我国企业主要在发达国家技术密集地来建立海外研发中心。在这些地点，我国跨国企业可以招募企业急需的高素质技术和管理人才，节省企业内部研发人员大量培训投入，并利用嵌入在当地人才内部的隐性知识，加快企业新产品的开发速度，提高研发效率。同时，发达国家有着大量的高等教育机构和科研服务机构。这些机构技术设备先进，而且长期与企业进行合作和交流，储备着大量相关的先进知识和技术人才。我国跨国企业可以将外围技术或者短时期内自身没有能力完成的科研项目外包给这些机构，降低研发过程的不确定性和减少固定资产（试验设备等）资金投入，以便于企业集中人

反向知识溢出与创新绩效

力、物力和财力来研究和开发具有长期战略意义的技术项目。上汽的欧洲海外研发中心与第三方技术研发与咨询机构 Ricardo 在汽车动力系统等技术领域建立了长期紧密的合作关系,有效地提高了企业产品质量,保障了产品技术先进性,并缩短了企业从预开发到定型生产的研发和应用周期。

(2) 反向知识溢出过程和作用机制

反向知识溢出机制可以进一步细分为信息监听、示范和模仿效应、竞争效应、人力资本流动效应和关联效应这五种作用机制。这五种机制在反向知识溢出过程中的不同阶段所起到的作用也并不一致。

①第一种作用机制,信息监听。它主要指的是及时和准确地对外部信息进行搜集、整理和分析。我国跨国企业通过在多个发达国家投资建厂,发展经销网点,设立研发机构和信息中心,构成全球信息网络,最大化地利用发达国家技术密集地点的知识溢出,有效地追踪和获取最新的市场和产品技术信息,并及时反馈给投资企业,之后企业以联合开发等多种形式迅速推出新产品以占领市场。信息监听通过两种渠道实现。一种是公开的信息渠道,包括专业期刊、学术论坛、产品发布会,以及国际互联网,这种渠道主要获取的是显性知识;另一种是通过正式和非正式的合作关系,尤其是人与人之间的交流和互动,积极主动地从东道国企业和机构中获取显性和隐性知识。例如:海尔已经在美国、法国、日本、荷兰和加拿大设立 6 个产品设计分部,在韩国、澳大利亚等地设立了 10 个信息中心。②第二种作用机制,示范和模仿效应。它主要指的是对其他先进企业的学习和模仿。发达国家企业在研发、营销、采购和物流等环节具有明显优势。我国跨国企业海外分支机构通过国际合作以及人员和信息交流,近距离地观察当地企业生产、研发和销售状况,以"看中学"和"干中学"的形式进行模仿和学习,提高企业的技术和管理水平,同时也可以通过各种渠道获得当地市场上最新的产品样品,以逆向工程研究方式剖析这些产品的内在技术和工作原理,降低以后企业产品研发过程中的不确定性,并在这些知识消化和吸收的基础上实现再创新。③第三种作用机制,竞争效应。它是一种间接的反向知识溢出渠道。发达国家市场竞争环境非常复杂,国际

化程度很高，其竞争之激烈远远超过国内市场。例如：在美国市场，我国企业除了面临着当地企业的竞争之外，一方面，要承受来自其他发达国家如日本、英国、法国和德国的企业产生的竞争压力；另一方面，印度、墨西哥、越南等发展中国家企业也给我国劳动力密集型企业带来了极大威胁。在这种情况下，我国企业不仅要达到发达国家苛刻的技术标准，而且还必须将产品成本控制在一定范围之内。这迫使我国企业提高现有资源的利用效率，加大对国外先进技术的学习和模仿的力度，进而缩短与其他国家企业的技术和管理水平差距。与此同时，其他国家企业在中国企业紧逼追赶之下，为了维护已有的市场地位，不得不引进新技术或增加研发投入，从而促进了反向知识溢出。然而竞争效应是一把"双刃剑"，我国企业如果不考虑自身已有的资源基础和对外部资源的整合能力，而盲目地追赶技术领先企业，就会出现不必要的损失，甚至导致企业国际化进程中断或倒退。④第四种作用机制，人力资本流动效应。吸纳东道国高素质的人才是我国企业对发达国家投资的目的之一。这些当地人才不仅拥有大量难以模仿的隐性知识，而且他们在当地还有着广泛的社会关系网络，通过日常频繁的非正式人际交流活动，可以为企业带来更多反向知识溢出。同时，在我国跨国企业内部，一方面通过母公司与海外子公司员工工作轮换，让更多的内部员工能够近距离观察外籍员工的工作，亲身体验发达国家企业所在的环境，感知和学习当地专有的知识，或者让外籍员工在企业国内部门开展定期的知识交流和指导。这种在不同知识结构和文化背景的员工之间开展的知识交流和互动能带来各种新思想和新观点的碰撞，极大地促进企业知识创新，从而改善企业整体绩效。例如：福耀玻璃与法国圣戈班成立了由外资控股的合资企业。在合资的三年时间当中，福耀玻璃坚持派遣员工到圣戈班生产线培训，了解国际先进企业在汽车玻璃制造上的设计思路、生产流程和工艺，使企业自身由生产领域跨入了更高层次的研发和设计领域。⑤第五种作用机制，关联效应。我国跨国企业通过与发达国家企业建立长期的联系机制，有效地吸收和利用外部反向知识溢出，从而促进企业绩效提升。其联系机制包括纵向联系和横向联系。纵向联系指的是我国跨国企业与东道国当地供应商的后向关联以及与东道国当地客户

反向知识溢出与创新绩效

的前向关联。东道国当地供应商一方面可以为我国企业提供在国内无法获得的先进技术产品和售后服务，从而提高企业产品质量和生产效率，另一方面也可以帮助我国企业开拓国际市场，并与其他当地企业建立更为广泛的联系。这种后向关联效应在我国企业向发达国家投资过程中并不多见。这是因为发达国家劳动力成本过高，在生产环节不具有比较优势。我国企业更愿意将生产环节放在国内，利用周边邻近地区的外协厂进行生产配套。万向集团低价收购美国舍勒公司后，将其生产线转移到国内，而国外部门只留下销售和售后服务职能。此外，国外客户对产品质量和交货周期要求非常严格，他们为我国企业提供定期技术培训和管理服务，帮助企业达到产品标准。同时，我国企业可以也与同行业企业和咨询服务机构建立横向联系机制，在高度互信的基础上成立战略联盟，建立联合实验室，共同开发新产品。从对外投资实践中，可以发现长期的契约关系和正式的合作关系更有利于关联效应的实现。

反向知识溢出过程可以分为三个阶段（见图3-1）：第一阶段，外部知识由东道国的企业机构转移到我国跨国企业海外子公司，该阶段主要指的是我国跨国企业对外部知识的获取和同化；第二阶段，知识由海外子公司逆向转移到投资母公司和其他海外子公司，该阶段主要指的是我国跨国企业对已获取的知识进行转化和利用；第三阶段，知识由投资母公司转移到国内其他企业，该阶段的知识溢出主要发生在国家和产业层面。在每一个阶段中都有不同的反向知识溢出机制起主导作用。

东道国企业和机构	我国跨国企业	母国其他企业
同行业企业 供应商 经销商 客户 政府机构 咨询服务机构	海外子公司→母公司 ↕ 其他海外子公司	同行业企业 供应商 客户 其他国内企业

图 3-1　反向知识溢出过程

这五种机制在反向知识溢出各个阶段起到了不同的作用。第一阶段，反向知识溢出机制实现程度主要受到两种因素的影响。一是我国跨国企业海外分支结构的职能设置。部分我国跨国企业的海外分支机构只有单一的职能。例如：一些纺织服装企业和医药企业在发达国家仅设立了销售公司或办事处，主要从事贸易活动，而另外一些我国跨国企业海外分支机构则多种职能共存。例如：海尔在发达国家不仅有信息和研发中心，还有生产机构。二是发达国家中不同的外部知识来源类型也会对反向知识溢出机制产生影响。其中，外部知识源包括供应商、客户、研发服务机构、同行业企业和政府部门等。例如：万向集团作为汽车零部件供应商与美国三大汽车厂商保持了长期合作关系，上汽海外研发中心与国外科研机构开展了深层次的产品开发与合作。具体内容见表3-7和表3-8。第二阶段，在海外子公司到投资母公司知识的逆向转移过程中，人力资本流动机制以及企业内部的知识共享机制起到了主要作用。第三阶段，我国跨国企业在国内也发生知识溢出，其知识溢出方和接受方分别为我国跨国企业和国内其他企业，与第一阶段并不相同，但这五种作用机制依然存在，只不过知识溢出主体发生了转换（见表3-9）。

表3-7 海外分支机构职能对反向知识溢出机制的影响

海外分支机构职能	信息监听	示范和模仿	竞争效应	人力资本流动	关联效应
销售机构	较强	中等	较强	较弱	中等
研发中心	较强	较强	中等	较强	较弱
信息搜集和分析	较强	中等	较弱	中等	较弱
综合性子公司	较强	较强	较强	较强	较强

表3-8 东道国外部知识源类型对反向知识溢出机制的影响

外部知识源类型	信息监听	示范和模仿	竞争效应	人力资本流动	关联效应
东道国同行业企业	较强	较强	较强	较强	较强
东道国当地客户	较强	中等	较弱	中等	较强
东道国当地供应商	中等	较弱	较弱	较弱	中等
东道国当地大学和科研机构	较强	中等	较弱	中等	中等
东道国管理咨询服务机构	较强	较弱	较弱	中等	中等
东道国政府机构	中等	较弱	较弱	较弱	中等
学术论坛和展览会	较强	中等	较弱	较弱	中等
专业期刊	较强	较弱	较弱	较弱	较弱

反向知识溢出与创新绩效

表 3-9 国内企业类型对反向知识溢出机制的影响程度

国内企业类型	信息监听	示范和模仿	竞争效应	人力资本流动	关联效应
国内同行业企业	较强	较强	较强	较强	中等
国内客户	较强	中等	较弱	中等	较强
国内供应商	较强	较强	较弱	中等	较强

根据以上对各个阶段反向知识溢出作用机制的分析，笔者建立了一个简单的反向知识溢出机制的模型（见图3-2）。

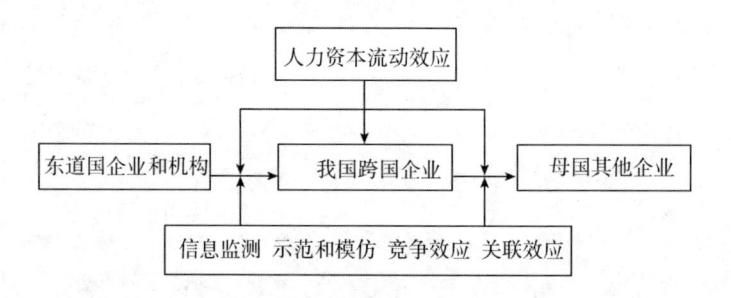

图 3-2 反向知识溢出作用机制模型

3.2.2 相关影响因素研究

反向知识溢出机制在我国企业向发达国家投资影响创新绩效的过程中起到了极其重要的作用，并且受到了投资国和东道国企业内外部环境因素的直接或间接地影响。

（1）间接影响因素

我国跨国企业对发达国家投资的规模对反向知识溢出机制有着一定程度的影响。企业对发达国家投资达到一定规模后，能够接近更为广泛的外部知识源，吸纳更多的当地高素质人才，以及开展多层次和多领域的海外研发活动。我国企业对发达国家投资的规模又与各国经济发展水平、汇率波动、制度因素、知识产权保护、跨国企业全球战略、东道国市场规模和竞争程度等因素密切相关。例如：海尔集团制订了"先难后易"的战略，重点开拓发达国家市场，建立起自己的国际品牌，而其他一些包括美的在内的家电企业则是"先易后难"，通过开拓发展中国家市场来积累国际市场经验；汇率波动也是重要的影响因素之一。我国企业对发达国家投资主要是水平型 FDI，人民币升值会对其产生负面影响。

从前文研究内容中可以发现，我国企业向发达国家投资规模总体偏小，在我国对外总投资中所占比例均没有超过 10%，而且我国跨国企业投资的行业中，批发零售业、金融服务业和采矿业所占投资比重远远超过高技术行业。这表明，我国跨国企业以获取先进技术为目标的对外投资需要进一步扩大规模。

（2）直接影响因素

一些因素通过增强或减弱反向知识溢出机制的实现程度，对企业创新绩效发挥直接作用。除了前面提到的海外机构职能设置和东道国外部知识源类型以外，反向知识溢出机制还受到了我国企业吸收能力、投资方式、技术差距、社会和心理距离、获取知识专用性、跨单位的同质性（发送者和接受者）、企业文化因素、产业的异质性等因素的影响。其中，企业文化因素、技术差距和我国企业吸收能力是关键影响因素。企业文化因素对反向知识溢出机制的影响主要体现在人力资源跨文化整合上，尤其是隐性知识嵌入在员工内部，如果大量海外员工流失，会导致相关知识积累不足，影响反向知识溢出效应的实现程度。当与发达国家企业技术差距过大时，我国企业缺乏吸收和消化外部先进知识的能力，而技术差距过小时，我国企业学习和技术追赶的空间不大，溢出效应不明显。需要强调的是，我国企业吸收能力是实现反向知识溢出效应、提升企业创新绩效的前提条件，也是本节关注的重点。

东道国外部知识的获取不仅有利于我国跨国企业自身创新绩效的提升，而且对中国企业整体绩效也能发挥积极的促进作用。在反向知识溢出过程中，第一和第二阶段，我国跨国企业自身的吸收能力对于反向知识溢出的吸收和利用起到了关键的作用，而第三阶段，知识溢出效应主要发生在国家和产业层面。因此，需要考虑我国的研发投入、人力资本存量、信息基础设施和金融服务发展水平等区域吸收能力指标。具体内容见图 3-3。

反向知识溢出与创新绩效

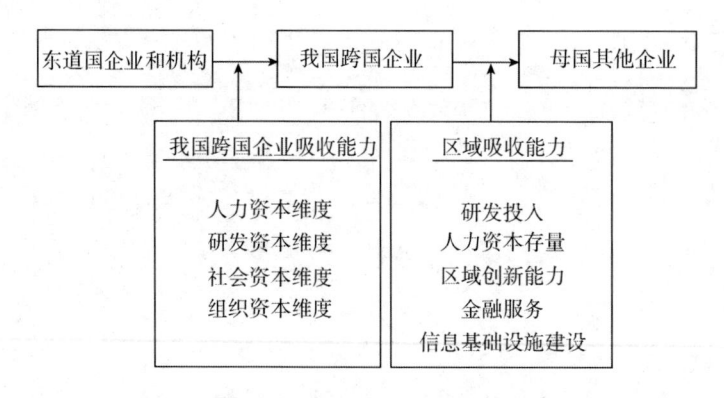

图 3-3 反向知识溢出过程中吸收能力研究框架

本书在第 5 章将专门基于组织微观层面研究我国跨国企业的吸收能力所发挥的调节作用,这里不再累述。下面,利用国别和地区数据对我国区域吸收能力指标进行比较和分析。研发投入可以分为研究人员投入和研发经费投入。前者以每千人研究人员数(单位:个人)来表示,而后者则以人均研发支出(单位:美元)来表示,数据均来源于 OECD《Main Science and Technology Indicators》各期;人力资本作为知识转移和吸收的载体,也是创新活动的主体,在实现反向技术溢出过程中起着关键的作用。该指标以每万人受高等教育的人数来表示,数据来源于《中国统计年鉴》和欧盟统计局网站[1];随着信息技术的高速发展,尤其是相关网络基础设施日益完善,极大地改变了国际技术扩散的现状。网络的外部性和共享性降低了技术扩散的成本,加快了扩散速度,扩大了技术扩散的范围。本节以每百人国际互联网用户来表示信息基础设施发展水平,数据来源于世界银行数据库;我国跨国企业对外投资的资金主要来自国内的融资渠道。因此,金融服务的发展可以拓宽本地企业对外直接投资的融资渠道,有效降低资金成本,合理分摊企业海外投资风险,同时也可以为企业购买技术设备、建立创新设施和招募高素质的技术和管理人才提供充足的资金支持。该指标以私人部门贷款占国内生产总值比重来表示,数据来源于世界银行数据库。表 3-10 显示出,我国的吸收能力指标与发达国家相比有着巨大差

---

[1] 联合国教科文组织在 1997 年 3 月推出的新的国际教育标准分类(ISCED)已得到国际社会的普遍认可。因此,本书将 ISCED5-6 层次的学生占总人口比重作为发达国家人力资本存量指标。

距，特别是研发投入、区域创新能力和信息基础设施发展水平这三个指标差距尤为明显。这表明，尽管我国经济发展已取得了举世瞩目的成就，但将国内企业作为一个整体来看，其综合吸收能力水平仍然十分低下，短时期内反向知识溢出机制难以在企业的创新绩效提高过程中起主导作用。

表 3-10 2007 年各国宏观数据

	研发人员投入（人）	研发经费投入（美元）	人力资本存量（人）	信息基础设施（人）	金融服务发展水平（%）
中国	1.8	77.0	36.7	16.1	111
丹麦	10.2	917.3	93.4	80.7	202.4
法国	8.57	680.0	98.1	51.2	105.2
日本	11.0	1 156.8	83.0	69	171.6
德国	7.1	873.5	45.6	72.3	105.5
荷兰	5.1	668.6	58.5	84.2	195.0
瑞典	10.6	1 230.1	66.1	79.7	123.7
英国	5.6	639.9	107.1	71.7	190.0
美国	10.1	1 220.8	88.4	73.5	210.0

资料来源：《中国统计年鉴》，欧盟统计局网站，世界银行数据库。

我国各个省、市、自治区的经济发展程度不同。它们的吸收能力指标也存在着较大差异。其中，研发经费投入以各地区科技活动经费内部支出（单位：万元）表示，研发人员投入以各地区科技活动人员数（单位：人）表示，数据来源于《中国科技统计年鉴》；人力资本存量由各地区就业人口中受高等教育人员比重（单位：%）来表示，数据来源于《中国劳动统计年鉴》；金融服务发展水平以各地区本外币贷款余额表示（单位：亿元），数据来源于《中国金融年鉴》❶。从表 3-11 可以看出，我国各地区吸收能力发展不均衡，东部地区的吸收能力远远超过中西部。这表明，由于各地区企业吸收能力差距悬殊，反向知识溢出效应的实现程度可能存在明显的地区差异。其中，东部地区企业对发达国家投资的反向知识溢出吸收

---

❶ 国内各地区国际互联网用户数据缺失较多。因此，本节在描述各地区数据时，省去了信息基础设施指标。

反向知识溢出与创新绩效

能力较强,更有利于当地企业提升创新绩效。

表 3-11 我国国内各地区宏观数据

	研发经费投入 (美元)	研发人员投入 (人)	人力资本存量 (人)	金融服务发展水平 (%)
东部	4 098 191	1 931 341	11.5	14 431.8
中部	1 370 652	686 432	6.6	5 754.6
西部	941 791	507 041	5.7	3 617.9

资料来源:《中国科技统计年鉴》,《中国劳动统计年鉴》,《中国金融年鉴》。

3.3 本节的概念模型

在研究我国跨国企业对外投资与创新绩效的关系过程中,本节重点关注的是反向知识溢出机制所起到的关键作用,并试图从吸收能力角度来分析我国跨国企业反向知识溢出效应实现程度的差异。由于我国企业对发达国家投资的知识寻求特征更为明显,因此本节选择的分析单位为已在发达国家开展直接投资的我国企业。同时,本节根据相关的理论和文献回顾,提出包括反向知识溢出、作用机制、吸收能力和企业创新绩效这些要素在内的概念模型。

该模型可以分为以下三部分:第一部分,我国跨国企业海外子公司通过人力资本流动效应、示范和模仿效应、关联效应、竞争效应和信息监听这五种作用机制获取发达国家当地企业和机构产生的反向知识溢出。其中,发达国家外部知识源包括当地同行业企业、供应商、客户、大学和科研机构、咨询服务机构、政府部门、专业期刊等,而反向知识溢出则包括反向显性知识溢出和反向隐性知识溢出。隐性知识由于难以模仿,而且其转移和扩散依赖于人与人之间的交流和互动,因此对发达国家企业和机构隐性知识的获取和利用已受到了我国跨国企业的高度重视。第二部分,在我国跨国企业内部,海外子公司通过人力资本流动效应和企业内部的知识共享机制将知识逆向转移至母公司,母公司将这些已获取的外部知识进行

第3章 我国企业对发达国家投资与创新绩效

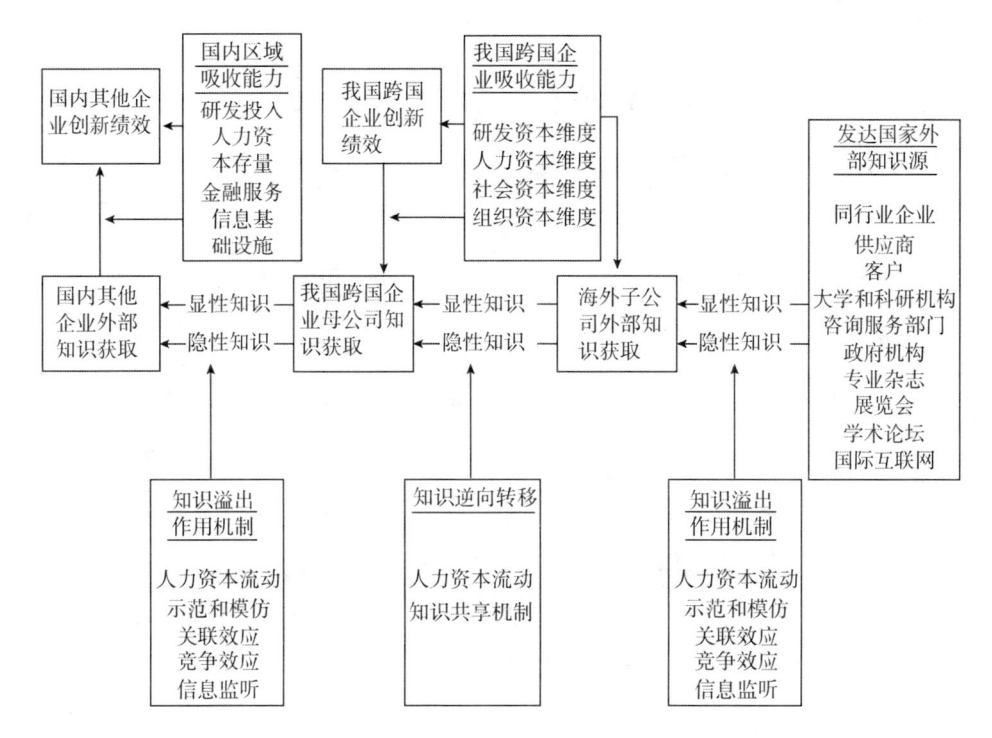

图 3-4 本节的概念模型

转化和利用，一方面促进了母公司创新绩效的提升，另一方面对国内其他企业也产生了知识溢出效应。值得注意的是，在此过程中，我国跨国企业的吸收能力对创新绩效存在双重作用，一是对创新绩效产生了直接作用，二是在反向知识溢出影响创新绩效过程中起到了调节作用。本书将在第5章利用问卷调查的方式对吸收能力的调节作用进行详细的研究和阐述。第三部分，我国跨国企业获取外部知识以后，同样会对国内其他企业通过人力资本流动效应、示范和模仿效应、关联效应、竞争效应和信息监听这五种作用机制产生知识溢出。这种知识溢出发生在产业和国家层面上，并受到了我国区域吸收能力的影响。本章将利用 Hansen 在 1999 年提出的非动态门槛面板模型，对区域吸收能力进行门槛效应检验。

基于该模型，我们可以明晰反向知识溢出、作用机制、吸收能力和企业创新绩效之间的关系，深入了解内在的作用机理，特别是厘清我国跨国企业的吸收能力在反向知识溢出过程中所发挥的作用，为下一步的实证研究提供理论支持。

3.4 我国企业向发达国家投资对创新绩效影响的实证研究

从现有文献来看，我国企业向发达国家投资对创新绩效具有一定的促进作用，其主要作用机制是反向知识溢出机制。该机制实现的前提条件是企业具有吸收能力。因此，本节基于 Hansen（1999）提出的非动态门槛面板模型，并利用 1998—2007 年的 23 个国家（包括中国、美国、英国、法国、德国、西班牙、荷兰等国）的宏观数据来检验：我国企业向发达国家投资对创新绩效影响的过程中，吸收能力是否存在"门槛效应"。这里的吸收能力指的是我国区域吸收能力，关于我国跨国企业自身吸收能力的相关实证检验将在第五章进行深入的研究和分析。

3.4.1 模型设定

自 Griliches（1979）首次提出知识生产函数的概念以来，知识生产函数已成为分析技术创新活动的重要理论工具。Jaffe（1989）指出知识生产函数不仅可用于衡量企业和科研机构的技术创新投入产出效率，而且还可以扩大到对国家间创新水平和效率比较分析。由于我国企业向发达国家投资可以通过反向知识溢出机制促进投资母国创新绩效的提升，因此本节借鉴改进后的 Griliches—Jaffe 知识生产函数，将对外投资的变量纳入到模型中来，同时在等式两边取自然对数，最后建立以下基于门槛效应的计量模型：（以人力资本单门槛模型为例）

$$\ln pa_{it} = \beta_1 \ln exp_{it} + \beta_2 \ln lab_{it} + \theta_1 \ln OFDI_{it} I(\ln hum_{it} \leq \gamma_1) + \theta_2 \ln OFDI_{it} I(\gamma_1 < \ln hum_{it}) + \mu_i + \varepsilon_{it}$$

pa 为创新产出，lab 为科技人员投入，exp 为研发投入，$OFDI$ 为各国对外直接投资存量，hum 为各国人力资本存量，μ 表示个体效应，即影响各国的资源禀赋差异，β 表示研发资本投入等的产出弹性，ε 为随机扰动项，θ 为反向知识溢出效应系数，当系数 θ 为正且显著时，说明对外直接投资对母国企业的创新绩效产生了积极的影响，而系数 θ 为负时，说明对外直接投资对母国企业的创新绩效产生了消极的影响，在模型中 hum 是门槛变量，γ 为待估计的门槛值，I 为指标函数。

3.4.2 数据来源

pa 为投资母国创新绩效指标，以每百万人口本地居民专利申请数来表示，数据来源于世界知识产权组织网站；$OFDI$ 为对外直接投资存量（outward FDI stock），以对外直接投资存量占 GDP 比重来表示，数据来源于《世界投资报告》（$World\ Investment\ Report$）各期。由于以往各期对外直接投资存量的残值还能通过反向知识溢出效应对母国创新活动发挥持续作用，所以本节选择了存量指标，并采取对外直接投资存量占 GDP 比重形式以消除各国市场规模的影响。exp、lab、hum 和 mc 分别代表研发经费投入、研发人员投入、人力资本存量和金融服务发展水平，数据分别来源于 OECD《$Main\ Science\ and\ Technology\ Indicators$》《中国统计年鉴》、欧盟统计局网站和世界银行数据库。

3.4.3 门槛效应检验结果

本节基于非动态面板门槛模型，利用 STATA10.0 软件进行实证分析。首先在单门槛、双门槛和三门槛的假设条件下，确定门槛个数，其中临界值和 P 值均由自抽样法（bootstrap）模拟 500 次后得到结果。

第一，研发投入门槛效应检验结果。表 3-12 显示出，单门槛和双门槛效应均在 1% 的水平上显著，而三门槛检验结果却并不显著。紧接着，需要对门槛值进行估计和检验。门槛 r_1 估计值在 [4.430 9, 4.621 7] 置信区间内和门槛 r_2 估计值在 [4.829 3, 5.422 6] 置信区间内时似然比值小于 5% 的显著性水平的临界值，并且门槛 1 和门槛 2 估计值分别为 4.524 9 和 5.312 0 时似然比值为 0。表 3-13 显示出门槛的估计值和 95% 置信区间。在确定了门槛估计值之后，可以进一步对这个双门槛模型进行参数估计，结果见表 3-14。

反向知识溢出与创新绩效

表 3-12　研发投入门槛效应检验

	F 值	P 值	临界值 10%	5%	1%
单门槛检验	6.495 2**	0.022 0	2.791 9	4.669 3	7.581 1
双门槛检验	3.325 6*	0.064 0	2.625 4	4.067 1	8.280 4
三门槛检验	1.740 1	0.184 0	2.758 9	4.274 1	7.774 5

注：*，**分别表示在10%、5%显著性水平下显著。

资料来源：笔者根据STATA10.0软件分析结果整理设计。

表 3-13　研发投入门槛估计值及置信区间

	估计值	95%置信区间
门槛 r_1	4.524 9	[4.430 9, 4.621 7]
门槛 r_2	5.312 0	[4.829 3, 5.422 6]

资料来源：笔者根据STATA10.0软件分析结果整理设计。

表 3-14　研发投入模型参数估计结果

变量	t 值	概率	参数估计值
$\ln OFDI_{it}$（$\ln exp_{it} \leqslant 4.524\ 9$）	1.60	0.125	0.067 6
$\ln OFDI_{it}$（$4.524\ 9 < \ln exp_{it} \leqslant 5.312\ 0$）	2.99	0.007	0.124 2***
$\ln OFDI_{it}$（$5.312\ 0 < \ln exp_{it}$）	2.44	0.024	0.091 0**

注：***，**分别表示在1%，5%水平上显著。

资料来源：笔者根据STATA10.0软件分析结果整理设计。

研发投入门槛效应检验结果显示，反向知识溢出效应与投资母国企业创新绩效之间存在显著的研发投入双门槛效应。当一个国家的研发投入低于门槛值 r_1（4.524 9）时，反向知识溢出效应为正但不显著，而研发投入高于门槛值 r_1（4.524 9）但低于门槛值 r_2（5.312 0）时，反向知识溢出效应显著为正，达到了 0.124 2，表明在这个区间内对外直接投资对投资国投资母国企业创新绩效的提升起到了积极的作用，当研发投入跨越了门槛 r_2（5.312 0），反向知识溢出程度明显变弱。这主要是因为反向知识溢出效应并不是自发产生的，它依赖于投资国的吸收能力。如果投资国研发投入水平过低，技术积累能力较差，不仅难以深层次地嵌入到东道国的创新网络中，而且也不容易模仿、学习、消化和吸收东道国先进的技术，最后导致反向知识溢出效应不显著。当投资国研发投入水平跨越了门槛值 r_1，技术积累达到一定程度之后，投资国企业有了足够的吸收能力来模仿、学习、消化和吸收东道国先进的技术，并利用后发优势获得显著的反向知识溢出效应。然而当投资国研发投入水平跨越了门槛值 r_2，由于投资国和东道国技术差距过小，压缩了投资国企业可供学习和模仿的空间，从而削弱了反向知识溢出的实现程度。根据门槛检验结果，可以将这 23 个国家分为 3 类：低研发投入区域、中等研发投入区域和高研发投入区域。从 1998 年至 2007 年，中国一直处于低研发投入区域。在这个区域中，我国企业向发达国家投资对创新绩效的影响不显著。

第二，人力资本门槛效应检验结果。表 3-15 显示出，单门槛和双门槛效应分别在 1% 和 5% 的水平上显著，而三门槛检验结果却并不显著。那么需要对人力资本门槛值进行估计和检验。门槛 1 估计值和门槛 2 估计值在 [3.617 8，3.867 0] 和 [3.712 8，4.502 0] 置信区间内时似然比值小于 5% 的显著性水平的临界值，并且门槛 1 估计值和门槛 2 估计值分别为 3.778 0 和 4.325 9 时似然比值为 0。表 3-16 显示出门槛的估计值和 95% 置信区间。在确定了门槛估计值之后，可以进行参数估计，结果见 3-17。

表 3-15 人力资本门槛效应检验

	F 值	P 值	临界值		
			10%	5%	1%
单门槛检验	8.322 8***	0.010 0	2.903 8	4.719 6	8.845 9
双门槛检验	2.671 2**	0.052 0	2.562 2	3.739 2	8.030 5
三门槛检验	1.314 1	0.204 0	2.836 0	4.340 2	8.438 0

注：**和***分别表示在 5% 和 1% 显著性水平下显著。

资料来源：笔者根据 STATA10.0 软件分析结果整理设计。

反向知识溢出与创新绩效

表 3-16　人力资本门槛估计值及置信区间

	估计值	95%置信区间
门槛 1	3.778 0	[3.617 8，3.867 0]
门槛 2	4.325 9	[3.712 8，4.502 0]

资料来源：笔者根据 STATA10.0 软件分析结果整理设计。

表 3-17　人力资本模型参数估计结果

变量	t 值	概率	参数估计值
$\ln OFDI_{it}$（$\ln hum_{it} \leqslant 3.778\ 0$）	−1.69	0.107	−0.069 4
$\ln OFDI_{it}$（$3.778\ 0 < \ln hum_{it} \leqslant 4.325\ 9$）	1.86	0.078	0.049 3*
$\ln OFDI_{it}$（$4.325\ 9 < \ln hum_{it}$）	2.31	0.031	0.083 9**

注：**，*分别表示 5%和 10%水平上显著。

资料来源：笔者根据 STATA10.0 软件分析结果整理设计。

人力资本门槛效应检验结果显示，反向知识溢出效应与投资母国企业创新绩效之间存在显著的人力资本双门槛效应。当一个国家的人力资本存量低于门槛值 3.778 0 时，反向知识溢出效应不显著。而当一个国家的人力资本存量高于门槛值 3.778 0 且小于门槛值 4.325 9 时，对外直接投资对投资母国企业创新绩效的提升起到了积极的作用，当人力资本存量跨越了门槛值 4.325 9，反向知识溢出效应显著增强。根据门槛检验结果，可以将这 23 个国家分为 3 类：低人力资本区域（$\ln hum_{it} \leqslant 3.778\ 0$），中等人力资本区域（$3.778\ 0 < \ln hum_{it} \leqslant 4.325\ 9$）和高人力资本区域（$4.325\ 9 < \ln hum_{it}$）。中国一直处于低人力资本区域，不能充分吸收反向知识溢出。

第三，金融服务发展水平门槛效应检验结果。表 3-18 显示出，单门槛和双门槛效应均在 1%和 10%的水平上显著，而三门槛检验结果却并不显著。需要对门槛值进行估计和检验。门槛 1 估计值在 [2.819 6，3.299 4] 置信区间内和门槛 2 估计值在 [3.274 7，4.830 7] 置信区间内时似然比值小于 5%的显著性水平的临界值，并且门槛 1 和门槛 2 估计值分别为 2.990 7 和 4.287 4 时似然比值为 0。表 3-19 显示出门槛的估计值和 95%置信区间。在确定了门槛估计值之后，可以进一步对这个双门槛模型进行参数估计，结果见表 3-20。

表 3-18 金融服务发展水平门槛效应检验

	F 值	P 值	临界值 10%	5%	1%
单门槛检验	9.355 0***	0.004 0	2.572 9	3.800 3	6.367 1
双门槛检验	2.538 2*	0.094	2.519 7	3.586 2	7.430 5
三门槛检验	1.429 2	0.187	2.374 9	3.182 4	5.684 0

注：*和***分别表示在10%和1%显著性水平下显著。

资料来源：笔者根据STATA10.0软件分析结果整理设计。

表 3-19 金融服务发展水平门槛估计值及置信区间

	估计值	95%置信区间
门槛 r_1	2.990 7	[2.819 6, 3.299 4]
门槛 r_2	4.287 4	[3.274 7, 4.830 7]

资料来源：笔者根据STATA10.0软件分析结果整理设计。

表 3-20 金融服务发展水平模型参数估计结果

变量	t 值	概率	参数估计值
$\ln OFDI_{it}$ ($\ln mc_{it} \leqslant 2.990\ 7$)	−1.84	0.081	−0.076 1*
$\ln OFDI_{it}$ ($2.990\ 7 < \ln mc_{it} \leqslant 4.287\ 4$)	1.92	0.069	0.051 9*
$\ln OFDI_{it}$ ($4.287\ 4 < \ln mc_{it}$)	3.19	0.005	0.100 3***

注：***，*分别表示在1%和10%水平上显著。

资料来源：笔者根据STATA10.0软件分析结果整理设计。

金融服务发展水平的门槛效应检验结果显示：反向知识溢出效应与投资母国企业创新绩效之间存在显著的金融服务发展水平双门槛效应。当 $\ln mc_{it} \leqslant 2.990\ 7$ 时，反向溢出效应系数估计值显著为负，当 $2.990\ 7 < \ln mc_{it} \leqslant 4.287\ 4$ 时，反向溢出效应系数估计值为 0.051 9，并在10%水平上显著，而当 $4.287\ 4 < \ln mc_{it}$ 时，反向溢出效应系数估计值为 0.100 3，溢出程度增强。金融服务发展水平门槛效应检验结果显示，反向知识溢出效应与投资母国企业创新绩效之间存在显著的金融服务发展水平双门槛效应。当一个国家的金融服务发展程度低于门槛值 2.990 7 时，反向知识溢出效应显著为负，对外直接投资对投资母国企业创新绩效起到了消极的作

反向知识溢出与创新绩效

用。当一个国家的金融服务发展程度高于门槛值 2.990 7 时，而低于门槛值 4.287 4 时，对外直接投资对投资母国企业创新绩效的提升起到了积极的作用。当金融服务发展程度跨越了门槛值（4.287 4）后，溢出程度明显增强。根据门槛检验结果，可以将这 23 个国家分为 3 类：低金融服务发展区域（$lnmc_{it} \leqslant 2.990\ 7$）、中等金融服务发展区域（$2.990\ 7 < lnmc_{it} \leqslant 4.287\ 4$）和高金融服务发展区域（$4.287\ 4 < lnmc_{it}$）。中国在 2005 年由低金融服务发展区域进入了中等金融服务发展区域，可以更好地吸收和利用反向知识溢出。

3.4.4 结果讨论

本节对我国区域吸收能力指标（研发投入、人力资本存量和金融服务发展水平）做了初步的门槛效应检验。结果发现我国企业对于前两者并没有达到有效吸收和利用反向知识溢出的临界值，而我国金融服务发展水平却可以促进国内企业对反向知识溢出的吸收，提升企业的创新绩效。我国企业相当一部分是劳动力密集型企业，这些企业主要以成本优势取胜，研发活动开展较少，甚至一些企业没有自己的研发部门，研发投入远远低于国际平均水平。同时，中国的高等教育水平发展很快，但由于教育基础薄弱，短时期内无法赶上世界先进水平，高素质人才的缺乏使外部知识的吸收和利用尤为困难。2002 年进入 WTO 以后，我国逐步开放了金融服务市场，企业融资渠道越来越多元化，有利于企业进行海外投资，加大研发力度，购买世界先进的技术设备，建立研发设施，但中小企业的融资困难依然存在，需要政府部门和相关金融机构制定优惠政策，重点扶持创新型小企业的技术创新活动。

第4章 我国企业对发达国家投资案例研究

从前文中可以发现，我国企业对发达国家投资可以促进创新绩效的提升，其中反向知识溢出机制起了极其重要的作用。本章进一步对我国企业向发达国家投资获取反向知识溢出内在机理做深入的分析。同时，我国跨国企业万向、TCL 和联想集团的海外投资活动具有典型的知识寻求特征，而且其所达到的效果也并不一致。因此，本章从企业获取的知识价值和知识吸收能力这两个角度对这三个案例进行全面的比较和分析，从企业实践角度揭示反向知识溢出如何影响我国跨国企业的绩效。

4.1 万向集团海外投资

万向集团的国际化发展历程可以分为两个阶段：第一阶段，出口贸易；第二阶段，海外投资。1984 年，美国派莱克斯公司与万向集团签订了 3 万套万向节的订单，使万向集团成为第一家出口产品到美国的企业。然后，美国舍勒公司以每年 20 万套的采购规模与万向签订了意向书。从此，万向集团进入了出口贸易的发展阶段。1994 年，经原外经贸部批准，万向集团在美国正式成立万向美国公司，专门负责万向国际市场体系的建立和相关品牌的创立与管理。这标志着，万向集团已经进入了海外投资阶段。随着万向集团国际化的步伐加快，万向美国公司的职能也由初期单一的产品销售扩大到具有生产能力的综合性工业企业，并先后在美国、德国、英国、加拿大和澳大利亚等 8 个国家建立了 18 家海外分公司，构建成涵盖

反向知识溢出与创新绩效

50多个国家和地区的国际营销网络。2004年销售收入已超过4亿美元。万向集团利用"股权换市场、参股换市场、设备换市场、市场换市场、让利换市场"等多种形式成功实施了全球资源的整合。

万向集团2009年年报显示：2009年，实现销售收入514.8亿元，增长13%；利税57.2亿元，增长48%。2010年1月，万向完成营收55亿元，利税同比增长54%。从2005年起，万向集团连续四年专利年申请量、授权量突破百件。2009年万向获得授权专利120项，其中发明专利8项；获得美国专利1项，开辟了万向申请国外专利并获得授权零的突破。近几年来，万向集团的技术创新能力提高很快，特别是自主研发了汽车制动防抱死系统、液力变矩器、悬架系统、橡胶纳米材料改性、第三代轮毂单元、福特传动轴等一系列产品，但尚未在汽车关键零部件（汽车电喷系统、发动机管理系统、共轨系统和安全气囊等）上取得技术突破，而且现有大多数产品档次较低，附加值不高。本节从万向集团在发达国家外部知识获取的角度来分析其中原因。

4.1.1 万向集团获取的知识价值和特征

万向集团对发达国家投资获取外部知识，具有以下四个特点：第一，知识获取的对象集中在美国产业链上游企业及其关联企业，这些上游产业企业已与万向集团建立了长期合作关系。例如：万向与美国舍勒公司从1984年就在出口贸易方面展开合作，直到1998年万向并购美国舍勒，其中合作时间长达15年。第二，万向主要采取反向OEM的方式，收购目标企业，并利用目标企业的关系网络以获取知识。例如：2007年万向收购了美国AI，成了美国三大汽车企业的零级供应商，在动力系统和传动系统产品生产领域直接接受客户的指导和培训。第三，万向集团所获取的外部知识与企业原有业务紧密相关，其目标是对现有知识结构的补充和优化，而不是寻求其他产品领域的新知识。例如：美国舍勒拥有大量的万向节专利技术，万向对其收购有利于自身万向节产品的技术升级。第四，所获取的知识类型为产品和工艺知识、市场营销知识。这充分表明，万向集团对发达国家投资具有双重动因：一方面是为了寻求先进的技术资源，另一方面则是为了扩大在发达国家的市场份额。具体内容见表4-1。

第4章 我国企业对发达国家投资案例研究

表 4-1　万向集团外部知识获取

海外投资项目	投资时间	投资方式	知识内容	知识类型
英国 AS	1997 年	并购	欧洲轴承市场知识	市场营销知识
美国舍勒	1998 年	并购	万向节专利技术 美国市场知识	产品和工艺知识 市场营销知识
美国 LT	2000 年	并购	轮毂技术 美国市场知识	产品和工艺知识 市场营销知识
美国 UAI	2001 年	并购	汽车制动器技术 美国连锁维修店和采购集团等市场知识	产品和工艺知识 市场营销知识
美国洛克福特公司	2003 年	并购	翼向万向节传动轴等技术 成为全球传动轴市场最大的一级供应商	产品和工艺知识 市场营销知识
美国 PS 公司	2005 年	并购	方向连杆等技术 成为克莱斯勒、福特和通用的一级供应商	产品和工艺知识 市场营销知识
美国 GBC 公司	2005 年	并购	轴承技术 美国市场知识	产品和工艺知识 市场营销知识
美国 AI	2007 年	并购	动力系统和传动系统技术、系统集成、装配和物流技术 成为克莱斯勒、福特和通用的零级供应商	产品和工艺知识 综合管理知识 市场营销知识
美国 DS	2009 年	并购	转向轴技术 成为克莱斯勒、福特和通用的一级供应商	产品和工艺知识 市场营销知识
美国尼亚布科	2006 年	并购	重型卡车转向轴技术 成为重型卡车客户二三级供应商	产品和工艺知识 市场营销知识

续表

海外投资项目	投资时间	投资方式	知识内容	知识类型
ACH 传动轴工厂	2008 年	并购	后驱传动轴技术 成为福特一级供应商	产品和工艺知识 市场营销知识
太阳能面板制造工厂	2009 年	新建	美国市场知识	产品知识 市场营销知识
霍顿保险经纪公司	2001 年	合资	行业经验和市场开发	市场营销知识
美国 VistaPro 公司	2009 年	并购	汽车加热器和汽车水箱技术 成为全美相关产品第一大供应商	产品和工艺知识 市场营销知识

资料来源：万向集团网站和公开发布的信息资料。

4.1.2 万向集团的知识吸收能力

从 20 世纪 90 年代开始，万向集团通过对发达国家投资，学习和了解了大量的先进技术知识和开拓国际市场的经验。而企业吸收能力是有效利用和转化这些知识的前提条件。

万向集团主要通过反向 OEM 方式，收购国外合作伙伴，进一步密切了与美国汽车厂商的联系，构建了更为广泛的创新网络，从而更好地获取和转化外部先进知识。在创新网络中，我国企业与被收购的企业之间的关系是强联系，而与其他当地企业之间存在着弱联系[1]。与强联系相比而言，弱联系的双方知识结构、认知心理和文化背景差异更大，能为万向集团带来异质性的、更有价值的知识资源。图 4-1 显示了万向集团与主要国际合作伙伴之间的联系（虚线代表弱联系，实线代表强联系，箭头表示知识流向）。

万向集团大力引进和培养高层次的人才，在海外子公司成功地实施了员工本土化和工作轮换策略。从 1984 年开始，万向以支付培养费的方式首次引进大学毕业生。1994 年，万向集团首次大规模招收了 173 名大学生。进入 21 世纪以后，万向集团中受过高等教育的大学生占总员工比例越来越高，尤其是来自重点大学的毕业生持续增加。应届大学生必须与集

---

[1] 美国学者格兰诺维特将那些联络频率高、连接关系较为紧密的社会关系界定为强关系，而将那些联络频率低、连接松散、通过第三方的间接连接等社会关系界定为弱关系。

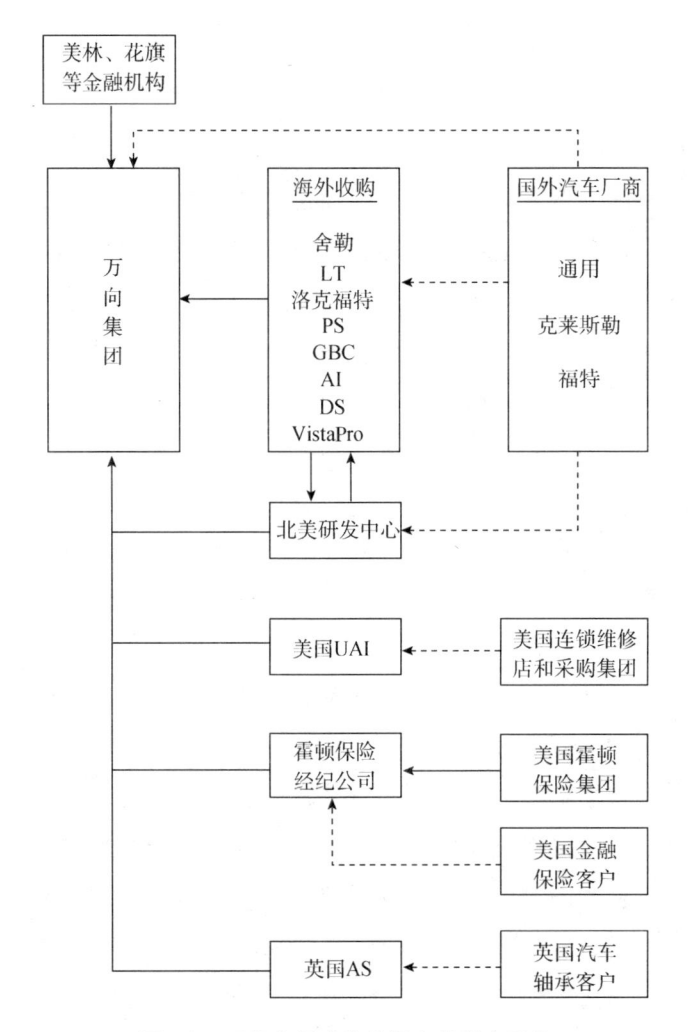

第4章 我国企业对发达国家投资案例研究

图 4-1 万向集团在发达国家的社会网络

资料来源：万向集团网站和公开发布的信息资料。

团签约 10 年，而且经过文化培训后必须到一线参加生产实践。同时，万向集团为每名应届毕业生安排优秀的资深员工作为督导师，在他们进入万向的前 3 年提供职业发展辅导。万向集团也高度重视企业内部员工的在职培训工作，实施内部督导师制度和内部培训师制度，以内部组织、请进来、走出去等多种形式开展多层次的培训活动，尤其是母公司和海外子公司之间的员工相互培训学习和工作轮换，使企业员工素质得到了明显提高。值得称道的是，万向集团员工在企业工作年限普遍很长，其中一线生产员工的工作年限均在 10 年以上，人员流动率降到了 10% 以下。这表明，

反向知识溢出与创新绩效

企业大多数员工具有丰富的工作经验，熟悉本职工作，有利于企业持续稳定的发展。此外，万向海外子公司积极实施员工本土化策略。在万向美国公司，包括鲁冠球女儿和女婿在内的中国人只有 6 个，其他均为来自其他国家、具有不同文化背景的外籍员工。这些员工熟悉当地的法律和社会文化，更容易贴近市场，能够与当地客户进行交流和互动。同时，万向集团积极展开国内部门与海外子公司的人员交流，尤其是技术人员定期互换和活动，有效地吸收和利用了发达国家先进的技术知识。从万向集团高层管理者来看，鲁冠球女婿倪频具有深厚的美国留学和工作背景，特别是他一手创办了万向美国公司，使其成为美国中西部地区最大的中资企业。他具有开阔的国际化视野和对市场机会敏锐的洞察力，而且也有很强的实际操作能力。因此，从总体上来看，万向集团人力资本结构较为合理，但在某些核心技术领域仍缺乏高层次的技术人才，因此对关键汽车零部件技术知识的寻求和利用仍存在着较大困难。

为了更好地激励人才和留住人才，万向集团采用了"阶梯式用工、动态式管理"的方法，尤其对于技术人员，万向集团实施了绩效导向型薪酬制度，推行项目工资制，极大地激发了技术人员的工作积极性。对于海外子公司的员工，除了薪酬与国际标准接轨以外，万向集团建立了长期激励机制。例如：在万向美国公司设立经营者基金，在集团投入仍归集团所有的前提下，公司每年利润增长超过 26.58% 的部分，划入基金，归经营者所有，并通过购买新股的方式，逐步转化为总额不超过 40% 的公司股权。此外，以人为本的企业文化的建设也是鲁冠球重点关注的对象。万向集团的企业文化内涵包括"诚实守信、不断学习、超越自我和爱岗敬业"等元素。这种企业文化有利于学习和吸收外部先进知识，推动企业可持续发展。

万向集团通过建立多层次的创新平台，加大研发投入，从而不断提高了企业自身的技术积累，增强了对外部知识的吸收能力。目前，万向的研究院包括专业研究机构、分支机构、海外研发机构和外部合作机构等部门。为保证技术与国际先进技术接轨，2000 年万向集团组建了万向北美技术中心，随后又以万向北美技术中心为海外技术创新体系的核心，先后在万向英国公司、万向欧洲公司等 18 家海外公司设立了二级研发机构。同时，万向集团的研发投入占销售收入的比重已由2007年的4.5%上升到目前（2014年）的5%，研发人员占总员工的比重超过了10%，但是与国际同行业企业相比，差距依然很大。国际同行业企业平均研发投入所占比重已达到了6.6%，一家大型国外企业研发经费绝对投入金额就超过了国内企业投入总和。整车企业在交易过程中处于强势地位，而万向集团作为零部件供应商，议价能力较弱，其产品销售长期处于微利状态，导致了企业总体研发投入的不足。而且，万向集团实施了多元化的经营战略，不仅涉及了汽车零部件行业，而且还进入了电动汽车和太阳能这两个新兴产业。其中，万向集团在电动汽车领域主要从事基础研究，尚未获得市场投资回报。因此，万向集团的研发资源配置较为分散，现有业务中没有集中资源取得重点技术突破，对外部知识消化、吸收和再创新的能力有待进一步提高。

综上所述，万向集团在吸收和利用外部知识的过程中，对发达国家外部社会资本的利用起到了极其关键的作用。其作用可以分为两个方面：一是利用反向OEM方式收购了上游企业。由于存在长期合作，双方企业相互信任，熟悉对方的管理风格和行为方式，收购后的磨合期很短，而且万向在长期合作中也充分了解了被收购企业无形资产的价值，能够以合理的价格获取先进的知识。被收购的企业在当地存在较为广泛的社会关系，特别是与美国三大汽车厂商有着长期业务往来，万向集团的收购不仅获取了市场渠道，而且可以得到这些整车厂商直接的生产培训和指导。二是与发达国家当地的咨询服务机构建立了紧密的联系。美林、花旗等美国金融机构全程参与了万向美国公司的并购活动，提供了一系列的市场、管理、财务咨询服务和贷款支持，保证了万向并购活动的顺利进行。不过令人遗憾的是，国外汽车关键零部件厂商由于其产品技术含量高，利润空间大，受劳动力成本的影响较小，因此不愿意将核心技术转让给万向集团，这需要万向集团做出进一步努力。另一个关键的影响因素是万向集团高层具有较强的国际化经营能力。鲁冠球女婿倪频不仅得到了万向集团董事长鲁冠球的高度信任，使万向美国公司的高层始终保持了稳定，而且他非常了解美国合作企业的基本情况，始终对海外并购保持着清醒的头脑，谨慎地选择投资对象，除了收购的企业UAI最后破产外，其他企业收购活动均取得了成功，所获取的先进技术已充分融入万向的产品中。国外企业先进技术

反向知识溢出与创新绩效

知识和营销渠道的获取极大地提高了企业现有产品的技术水平和盈利能力,从而改善了企业的绩效。

4.2 TCL集团海外并购

2002年10月25日,TCL以820万欧元全资收购了德国施耐德的彩电业务,包括品牌、生产设备、原材料、半成品合成品等。2003年5月,TCL集团并购了美国Govideo公司。2004年7月29日,TCL与法国汤姆逊合资成立了全球最大的彩电企业TTE,并于同年10月10日与法国阿尔卡特成立了TCL阿尔卡特通讯科技有限公司,完成了对其手机业务的收购。在并购初期,TCL集团出现了巨额亏损,而经过了三年艰难的整合之后,2007年TCL集团开始扭亏为盈,2009年TCL集团公司实现营业收入442.95亿元,其中销售收入429.19亿元,同比增长14.86%;实现净利润4.70亿元,其中,海外收入比重已超过35%。2010年第1季度,随着美国金融危机的影响逐渐过去,TCL海外市场销售收入同比增长85.14%,超过了国内市场的增长幅度。因此,本节从外部知识获取的视角,对TCL绩效前后变化的原因进行分析和研究。

4.2.1 TCL集团获取的知识价值和特征

TCL集团从发达国家企业中获取的知识可以分为两类(具体的获取知识内容见表4-2)。

表4-2 TCL集团外部知识获取

海外投资项目	投资时间	投资方式	获取知识内容	获取知识类型
施耐德	2002年	并购	彩电设计和生产技术 欧洲市场知识 国际管理能力	产品和工艺知识 市场营销知识 综合管理知识
美国Govideo	2003年	并购	MP3、MP4、DVD刻录机等数码视听产品技术 美国市场知识 国际管理能力	产品和工艺知识 市场营销知识 综合管理知识

第4章 我国企业对发达国家投资案例研究

续表

海外投资项目	投资时间	投资方式	获取知识内容	获取知识类型
TTE	2004年	合资	数字电视测试、电视软件开发、工业设计 欧美市场知识 国际管理能力	产品和工艺知识 市场营销知识 综合管理知识
TCL阿尔卡特通讯	2004年	并购	2G和3G手机专利技术 欧美市场知识 国际管理能力	产品和工艺知识 市场营销知识 综合管理知识

资料来源：TCL集团网站和公开发布的信息资料。

①TCL通过海外并购活动所获得的一些技术知识缺乏前瞻性，使用范围受限制较多，不能与企业现有知识结构形成有效的互补，其获取的知识价值难以弥补TCL集团巨额的投资与整合成本。技术资源是TCL收购德国施耐德彩电业务的目的之一，但从德国施耐德的技术积累情况来看，TCL集团没有达到预期效果。德国施耐德在欧洲市场上一直是以"技术落后，作风保守"的形象出现，甚至比当时TCL的产品技术还要低。而且，由于多次破产，德国施耐德技术力量流失很严重，尤其是2002年TCL开展并购活动时，德国施耐德开发激光显示系统技术过程中负债累累，已于2002年1月28日宣告破产。在TCL集团并购了施耐德之后，因为相关配套技术的进展滞后和其他新技术的出现，TCL集团也彻底放弃了激光显示系统技术。TCL集团在与法国汤姆逊公司合资过程中在技术引进方面受到了两方面的限制。一是法国汤姆逊公司没有将已申请的专利技术作为资产注入合资公司，而是让合资公司免费使用2年，之后合资公司需要支付专利使用费。二是法国汤姆逊公司拥有着大量的传统显像管技术的专利，在CRT彩电领域具有较强的竞争优势，但是2005年下半年平板电视已在欧洲市场上大幅度取代了CRT电视，导致TCL集团从法国汤姆逊公司所获得的专利技术已经过时。与法国汤姆逊公司合资过程不同，TCL集团完全收购了法国阿尔卡特公司手机业务2G和2.5G专利技术全部知识产权，但具有前瞻性的3G手机专利技术却没有取得。从这些案例中，我们可以发现发达国家企业对TCL集团海外扩张具有很深的戒惧心理，他们采取各

反向知识溢出与创新绩效

种措施严格控制其核心技术转移。TCL集团所引进的部分产品技术要么技术层次低，附加值不高，要么很快被市场所淘汰，很难获取真正有价值的关键技术。

②TCL集团获取的部分外部知识具有互补性，但需要对企业已有资源进行有效整合，并继续投入新的资源。例如：法国汤姆逊公司在欧美市场有着成熟的彩电市场渠道，但由于不重视彩电业务，对品牌和销售渠道疏于维护，这就需要TCL集团在人力、物力和财力方面进一步投入。法国汤姆逊公司是美国数字电视标准的设计者之一，但数字电视是新兴的技术领域，还远未成熟，也需要TCL集团维持现有的研发力量，并加大研发投入。

4.2.2　TCL集团的知识吸收能力

TCL集团对外部知识的吸收是一个逐步改善的过程。这个过程可以分为两个阶段：第一阶段，从2002年到2005年年初，TCL集团在欧美市场上初步完成了收购任务；第二阶段，从2005年至今，TCL集团对海外市场业务进行全面整合。

在第一阶段，TCL集团对外部知识的吸收存在着诸多问题，包括对发达国家外部社会资本重视程度不够，研发投入不足，人才国际化策略失败等。

TCL集团开展海外并购时，对社会资本重视程度不够。如果TCL能够深层次地嵌入到发达国家的社会网络中，就可以有效地鉴别外部知识的价值，尤其是准确地判断未来技术和市场的发展趋势，并加强与发达国家企业和机构的合作与交流，从而拓宽企业知识的来源，使企业能够及时把握住技术和市场机会。①在实施并购过程中，TCL集团没有与发达国家咨询服务机构建立长期密切的联系机制。TCL集团在收购法国汤姆逊公司时，支付了1 000多万欧元聘请咨询公司，但主要是在财务和管理方面获取建议和行动方案，而收购阿尔卡特则是依赖于TCL集团自己设计的并购方案。由于TCL集团缺乏对被收购企业的市场渠道和技术能力全方位的了解，在收购时犯下战略性错误，所获得的技术并不适用。②TCL集团与目标客户的沟通渠道不畅通，未能完全获得目标客户相关的市场开发知识。TCL集团原本想通过德国施耐德的销售渠道推广自身的高端产品，但是德国施耐德主攻的是中低端产品市场,缺乏高端市场的销售经验,而且品牌形象也不符合要求,使 TCL 集团的产品销售计划落空,而且德国施耐德企业的多次破产也导致大量客户流失。TCL 集团控股的合资公司 TTE 将欧美市场的电视销售委托给法国汤姆逊的子公司。在此情况下,TCL 集团不能与欧洲电视业务客户进行直接的交流与互动,必须通过第三方才能进行,使得企业自身不能深入了解客户的需求变化,以及做出及时准确的响应。③TCL 集团与欧洲合作伙伴没有建立平等互利的合作关系。法国汤姆逊公司订立了非常苛刻的合资条款,不仅注入的资产为已经快淘汰的 CRT 彩电业务,而且对专利使用还收取高昂的费用。④TCL 集团在欧洲市场上信息搜索力度不够。TCL 集团在收购法国汤姆逊公司之前,已了解到平板电视是未来的电视发展趋势,但平板电视在欧洲市场取代传统彩电速度如此之快出乎所有人的意料。TCL 集团在欧洲没有建立广泛的信息收集渠道,与欧洲的相关行业协会、市场调研机构和消费者群体等没有进行有效的沟通,对市场发展趋势做出了错误判断。⑤在不熟悉东道国的社会和文化环境的情况下,TCL 集团就盲目地开展了海外并购活动,与当地的工会组织和政府部门没有建立密切联系,因此在业务重组过程中遭遇到了极大困难。法国等欧洲国家工会力量强大,TCL 集团对欧洲业务的重组过程中必须考虑当地工会的意见,特别是,在裁员过程中必须优先考虑员工中的弱势群体。这就迫使 TCL 集团只能采用全部裁员后再聘用的方式。劳资谈判的困难和高昂的裁员成本在很大程度上对企业技术资源的转移产生了负面的影响。

TCL 的海外并购活动在很大程度上对集团的研发投入产生了负面影响,企业的研发支出占销售收入的比重由并购前的 3% 左右大幅度下降到 2009 年的 1.36%。德国施耐德公司在 2001 年销售额为 2.4 亿欧元,亏损 1 400 万欧元,而在 TCL 集团并购后,2003 年上半年销售收入 4 868 万元,净亏损 2 463.4 万元,法国汤姆逊公司的彩电业务同样处于亏损中,2005 年 TCL 集团的欧洲彩电业务亏损 5.99 亿港元。阿尔卡特被并购前,已连续亏损 4 年,而 2005 年,TCL 阿尔卡特通讯亏损 16.08 亿港元。为了解决业务亏损问题,TCL 集团实施了企业结构重组,还支付了高昂的裁员费用,同时,国内相关业务也受到了拖累,其市场份额也在不断缩小。

反向知识溢出与创新绩效

2004年TCL集团将上市后所筹集资金的一半用来弥补海外亏损和对被收购企业的整合，而2005—2006年，TCL集团出现了全面亏损，直到2007年靠出售资产才扭亏为盈。由于海外市场的巨额亏损，而TCL集团又不愿意放弃欧洲市场，因此将资金主要用来弥补亏损，这样就削弱了企业的研发基础，不利于外部知识的吸收、消化和再创新。

TCL集团人才国际化策略并不成功，这从三个方面影响了企业间和企业内部的知识转移。一是企业外籍员工与内部员工缺乏直接交流和沟通的机会。隐性知识是依赖于人与人之间的面对面接触和交流，而TCL集团中来自不同国家和文化背景的员工之间心理和社会距离导致隐性知识转移困难。二是海外子公司本土员工的大量离职，会导致嵌入其中的隐性知识流失，特别是损失了原有销售人员的社会关系和客户资料。三是企业高层不稳定和文化冲突会严重影响企业正常的经营和管理，从而妨碍了知识资源的有效转移。①TCL集团习惯于从企业内部培养人才，填补岗位空缺。2004年，TCL集团连续开展了两次大规模的海外并购，企业内部人才储备顿显不足。而且，TCL集团在并购后，将收购企业的一些主要职位交由TCL人员担任，这就加重了企业人才的压力。②由于TCL任命的国内负责人缺乏海外市场经验，无法在短时期内扭亏为盈，导致负责海外市场业务的高层频频更换，企业难以稳定下来，内部员工人心涣散。③TCL集团董事长李东生曾谈到海外并购的目的之一是获取国际管理经验，并举了TCL收购德国施耐德的例子。他认为原德国施耐德企业的120多名管理成员进入TCL后，能有效地提高企业的国际管理水平。然而，德国施耐德经历过多次破产，尤其是在TCL启动收购程序时，德国施耐德企业已经再次破产。除了技术落后和生产成本高昂，企业经营管理不善也是其中的重要原因。从以后的企业业绩中也可以看出，在得到了被收购企业的管理层后，TCL集团国际化管理水平并没有得到明显提高。④TCL集团在并购法国汤姆逊公司后，将总部由法国搬到了中国深圳，同时保留了法国原有的汤姆逊管理团队。但是法国管理团队没有意识到原有的职能和定位已发生了变化，与国内总部在运营管理上往往意见不一致，双方在交流过程中矛盾重重。⑤激烈的企业文化冲突是TCL实施海外子公司员工本土化策略失败的关键原因。欧美这些企业本身历史悠久，具有强势的企业文

第4章 我国企业对发达国家投资案例研究

化，而TCL集团董事长李东生所推崇的是儒家文化，这两种文化产生了激烈的碰撞，许多外籍员工因为文化不适应而纷纷跳槽，人才流失严重。同时，严重的文化冲突所导致的认知差异减少了企业内部员工之间的沟通和交流机会。⑥薪酬制度没有考虑人员的延续性和稳定性。法国阿尔卡特原有销售人员薪酬制度为"高底薪低提成"，而TCL则是"低底薪高提成"。TCL对薪酬制度强行统一，使得原有的阿尔卡特销售人员心理落差极大，纷纷辞职，并且带走了大量的客户资源。

在第二阶段，TCL集团为了扭转这种不利局面，对企业海外市场业务进行了大规模重组和整合，使外部知识资源的吸收和利用效率得到了一定程度的提高。

2005年，TCL对手机和彩电业务进行了全面重组和整合，将原有的区域分散化管理转变为全球专业的一体化管理，将辅助职能如研发、采购和财务等集中在一起形成全球营运中心和研发中心。这种资源的整合有利于企业发挥协同效应，提高对现有知识存量的利用效率，并且增加来自不同国家和文化背景的员工之间的知识交流机会。

2005年，TCL集团收回了由法国汤姆逊的子公司控制的欧美市场销售渠道，直接与客户进行接触和交流，及时准确地了解欧美市场的最新动态和技术发展趋势。而且，北美地区是原法国汤姆逊彩电业务亏损的重灾区，为了在北美地区扭亏为盈，原汤姆逊公司在北美市场的销售与市场推广团队转移至TCL多媒体并受其直接管理。2010年，TCL准备在欧美市场上实现从汤姆逊品牌到TCL品牌的切换。这表明，TCL集团在国际化过程中逐步学会了如何与欧美市场客户打交道，积累了大量国际市场的开拓经验，已经可以使用自己独立的品牌开展海外销售活动。

2006年，国际市场上TCL手机业务开始盈利，TCL北美彩电业务大幅减亏，其亏损由2005年的1.92亿元，下降到0.74亿元。而到了2010年，TCL经受住了美国金融危机的考验，其海外市场业务得到了迅速发展，市场份额和利润率较以往有了大幅度的提高，恢复了自身造血的功能。与此同时，TCL实施了业务重组，卖掉了电脑和低压电器等部门，从而专注于多媒体和通信行业。这有助于企业加大创新投入，增强创新能力，实现企业的可持续发展。

反向知识溢出与创新绩效

　　TCL集团为了解决国际化人才匮乏的问题，积极引进同行业中具有丰富经验的高层次管理人才。2007年，TCL集团董事长李东生邀请了曾任飞利浦消费电子执行副总裁的梁耀荣作为TCL多媒体总裁，以充分利用他所拥有的丰富的消费电子产品的国际市场运作管理经验。TCL通过与梁耀荣的合作，为TCL多媒体建立适应国际市场的业务流程，包括战略伙伴的维护、产品策略的制订等，其中通过供应链的再造极大地降低企业运营成本，并对其组织结构进行了彻底改造。梁耀荣将全球运营中心细分为全球研发中心、全球制造、供应链和战略采购、技术项目质量、新产品和业务战略等5个部门，加快对市场需求变化的响应速度，增强与战略合作伙伴的接口能力。

　　TCL集团采用了设立共同的愿景，鼓励员工参与新企业文化建设以及增加来自不同国家员工之间合作交流的机会等多种方式来消除企业内部的文化冲突。同时，TCL集团进一步加强了与英特尔、德州仪器等国际战略伙伴的合作关系。例如：在英特尔的大力支持下，TCL开发出多款极具竞争力的创新产品。

　　综上所述，在并购初期，TCL对社会资本的忽视和人才国际化策略的失败是导致对外部知识吸收效率低下的关键。而在整合后，TCL采取了一系列的措施，增强了企业对外部知识的吸收和利用能力。例如：TCL主动实施了业务重组和流程再造，并积极引进具有丰富国际市场经验的高级技术和管理人才，重塑企业文化和品牌形象，以及加强与国际战略伙伴的合作关系。因此，从总体来看，TCL集团已经逐步走出了低谷，其对发达国家外部知识的吸收和利用已对企业绩效产生了积极的作用。

4.3　联想集团并购 IBM PC 部门

　　2005年5月，联想以17.5亿美元（其中包括6.5亿美元现金、6亿美元股票以及5亿美元债务）收购了IBM全球范围内笔记本和台式机业务，并且获得了Think系列品牌，中方股东拥有45%左右的股份，而IBM则拥有18.5%的股份。在并购后第一年，联想的销售收入有一定幅度的增

第4章 我国企业对发达国家投资案例研究

长,但净利润大幅下降。经过三年的全面整合,联想集团开始走出困境,利润恢复增长,毛利率有所提高,但其利润还是主要来自于国内市场。联想集团并购 IBM PC 部门是否成功一直存在着争议,本节以外部知识获取的视角来对此进行分析。

4.3.1 联想集团获取的知识价值和特征

联想与 IBM PC 部门的知识资源具有很强的互补性,但整合十分困难。联想收购 IBM PC 部门,除了品牌以外,研发资源和国际市场渠道也是联想主要获取的目标。联想集团原本以自有品牌 Lenovo 来开拓欧洲、美国和日本的市场,但收效甚微,而 IBM 在上述市场上却拥有成熟的市场渠道。IBM PC 产品定位在高端客户,并且在商用市场上具有很强的竞争实力,而联想主攻的是消费 PC 市场和中低端客户。联想更多采用的是交易型客户模式开展商业活动,而 IBM PC 部门则采用的是关系型客户模式。因此,联想集团在客户群、销售渠道和模式方面,可以从 IBM PC 部门获取互补的知识资产。此外,IBM 笔记本的生产和研发能力也是联想所急需的。

4.3.2 联想集团的知识吸收能力

并购之前,联想集团充分利用发达国家外部社会资本,保障了并购和整合活动的顺利进行,从而为先进知识的获取、转移和利用创造了良好的外部环境。联想与美国的咨询服务机构和金融机构建立了紧密联系,保障了并购活动的顺利进行。联想集团在并购 IBM 之前,聘请了麦肯锡和高盛对整个并购活动提供咨询服务,同时安永和普华作为财务顾问也参与了进来。联想集团并购 IBM 的影响巨大,牵扯美国各个社会群体的利益,特别是美国外资投资委员会需要对该并购活动是否危害了美国国家和产业安全做出裁决,因此联想还聘请了奥美公司作为公关顾问。为了解决融资问题,联想集团与德克萨斯太平洋集团、General Atlantic 及美国新桥投资集团达成协议,获得 3.5 亿美元的投资满足并购 IBM PC 部门的资金需要。并购之后,联想在一定程度上嵌入到了 IBM PC 部门原有的社会网络中。联想收购 IBM PC 部门后,与 IBM 一起派出了大量的员工做国际市场客户的工作,尤其是稳定了与大部分重要客户的业务关系,但由于政治因素以及面对戴尔和惠普的激烈竞争,在美国政府部门的采购招标中,联想收购

反向知识溢出与创新绩效

的 IBM PC 产品优势正在迅速流失。

联想的研发投入与国际水平相比仍然很低,而且技术积累不足,严重影响了对 IBM PC 先进技术知识的吸收。①研发支出占销售收入的比重持续下降。从 2003 年以来,联想集团的研发支出的金额不断增长,但研发支出占销售收入的比重却在持续下降,由 2003 年的 2.16% 下降为 2009 年的 1.4%。联想国内 PC 市场受到戴尔等厂商激烈的价格竞争,已处于微利时代,而且收购和整合 IBM PC 部门已付出高昂的成本,同时为了稳定 IBM 原有员工队伍,在相当长的时期内无法降低其运营成本,导致联想的净利润率快速下降。由此带来的研发支出比重减少在一定程度上削弱了联想的吸收能力。② 联想与 IBM 技术水平差距较大。IBM 的研发支出占销售收入的比重已超过了 25%,而联想研发支出占销售收入的比重却只在 1.5% 左右。IBM 在 2001—2004 年每年分别申请专利数为 3 145 件、3 288 件、3 415 件和 3 428 件,而联想一年申请的专利数才 300 多件。两者技术差距如此之大,使联想缺乏足够的吸收能力来获取和利用 IBM 的先进技术知识。③IBM 在笔记本电脑和高端商用领域拥有大量的先进专利技术,而联想在相关领域却缺乏技术积累,不利于吸收和利用 IBM 这些先进技术知识。

联想通过内部国际化,在一定程度上提高了企业的技术和管理水平。①大力引进高层次的国际人才。在整合初期,联想保留了原有的 IBM PC 部门的管理团队,并通过充分授权以保证品牌和业务流程的连续性。随着联想第一阶段整合目标的完成,原有 IBM PC 部门的管理团队已不适应企业的发展要求,因此,联想又引入竞争对手戴尔的管理人员,利用他们在供应链上的管理能力,对联想相关部门的流程和管理机制进行了改造,增加供应链的弹性,提高采购效率。②推广英语作为联想内部通用语,方便来自不同国家员工的交流。③开展"knowledge exchange 国际轮岗计划",并对员工培训内容进行改进,以满足国际化要求。有两点值得注意,一是由于联想并购 IBM PC 部门是典型的"蛇吞象",国际化的技术和管理人才缺口仍然很大;二是在整合第二阶段,联想对美国当地员工进行了大规模裁员,不利于吸引和留住当地人才。

联想集团对全球业务部门(包括销售、研发和供应链体系)进行整合，有效地改变了国内员工与美国原 IBM 员工各自为战的状态，增加了双方交流和沟通的机会，有利于隐性知识的转移和利用。联想对自身原有的企业文化进行了国际化改造，将"尊重、坦诚、妥协、欣赏、分享、包容"作为工作指导原则，强调员工应具备"职业"素质。这在减少双方文化冲突方面起到了重要的作用，从而促进了来自不同文化背景的员工之间的合作和交流，但在另一方面却削弱了国内员工的归属感和忠诚度。

综上所述，尽管联想集团通过并购 IBM PC 部门在一定程度上提高了企业的研发能力和国际化管理能力，但联想和 IBM 在品牌和产品战略方面的差异以及巨大的技术差距使双方知识资源的整合变得极为困难。IBM 的 PC 品牌在国际市场上知名度和信誉度很高，而联想的品牌只在国内市场上得到消费者的认可，在国际市场上名不见经传。联想集团利用 IBM 的销售渠道将中低端子品牌 Idea 系列推向全球个人电脑市场，效果欠佳。此外，联想实施的是成本领先的产品战略，更为关注的是硬件生产制造技术，而 IBM 实施的是高度差异化的产品战略，更为关注的是新产品开发技术。那么，如何将 IBM 的新产品开发技术与自身的低成本生产优势有机结合起来，已成为联想集团迫切需要解决的难题。双方的巨大技术差距使得联想在引进 IBM 笔记本和台式机先进技术的过程中，出现了消化不良的现象。

4.4 万向、TCL 和联想对发达国家投资案例比较和分析

万向、TCL 和联想集团分别处于汽车零部件和电子电气行业。它们主要以合资和并购的方式开展对发达国家的直接投资，其投资目标在于获取发达国家企业的品牌、技术资源和国际市场渠道，但这三个企业外部知识获取的效果却并不一致。与其他两个企业相比，万向集团通过在发达国家投资所获取的知识更具有互补性，并且已有效地融入了企业现有的知识结构中，很大程度上提升了企业的创新绩效。这些案例充分反映了，企业吸收能力在反向知识溢出影响企业创新绩效过程中起到了调节作用。

万向、TCL 和联想集团对发达国家外部社会资本的利用程度存在着较

反向知识溢出与创新绩效

大差异。从案例分析来看，当企业对外部社会资本利用程度较高时，有利于保障海外投资活动的顺利进行，并对所要获取的知识价值进行准确判断，同时拓宽了与外部知识源的交流渠道，提高了知识交流的强度和质量。万向集团利用反向 OEM 的方式对发达国家企业开展了纵向并购。被收购的企业与万向集团一直有着密切的业务往来，并且双方在高度互信的基础上建立了长期稳定的合作关系，同时这些被收购的企业又与美国整车厂商保持着良好的关系，使得万向集团通过海外并购活动可以深层次嵌入到欧美国家当地的生产网络中，而且长期的合作使并购活动中的业务和文化整合能够顺利进行。而 TCL 和联想奉行战略上的机会主义，他们与所收购的企业之间并没有开展广泛的合作，收购双方都不太了解对方的基本情况。另一方面，咨询服务机构和金融机构全方位地参与到了万向和联想的海外并购活动中，包括提供管理、财务、技术、市场、发展战略等咨询服务以及信贷支持，而 TCL 依赖自己的设计方案实施海外并购活动，遭遇到了许多意想不到的困难。

在研发投入上，这三家企业研发投入占销售收入的比重远远小于国际同行业企业的平均水平。万向集团的研发投入占销售收入的比重不断上升，而 TCL 和联想的研发投入占销售收入的比重持续下降。万向集团用于收购发达国家企业的费用较小，平均不超过 500 万美元，并且整合成本也非常低。而在并购后相当长的一段时期内，TCL 和联想集团所筹集的资金主要用来弥补海外并购活动产生的巨额亏损和整合成本，以及支持海外市场的拓展活动，从而严重挤占了企业总体研发经费支出，削弱了企业对外部知识的吸收能力。值得注意的是，随着 TCL 集团的海外业务盈利情况的逐步好转，TCL 对研发活动的投入力度正进一步加大。

万向通过反向 OEM 形式收购企业，所获的外部知识均能增强企业的产品成本优势，提高企业的产品质量，缩短交货周期。IBM 差异化的产品技术和联想的低成本运作经验难以结合在一起，而且联想在笔记本电脑的开发技术方面和高端客户的销售方面不具有竞争优势，不利于对 IBM PC 相关领域的先进知识的吸收和利用，难以实现企业技术的跨越式发展。

万向国际化成功的关键在于其海外市场业务负责人倪频，此人具有深厚的海外工作和留学背景，以及丰富的国际市场开拓经验，他长期扎根于美国市场，完全了解各个合作伙伴的基本经营情况，同时对市场和技术发展的最新趋势有着深入的研究和分析，更为重要的是他得到了万向董事长鲁冠球的充分信任。而尽管 TCL 和联想积极引进国际化技术和管理人才，但其数量和质量仍远远不能满足企业在海外市场扩张的需求，而且在海外并购活动中均经历了艰难的企业文化整合过程。人力资源和文化整合的困难严重影响了 TCL 和联想集团对外部知识获取和利用的效率。

第 5 章　我国企业对外投资反向知识溢出效应实证研究

现有的国内文献主要利用二手数据,从宏观层面考察反向知识溢出与企业创新绩效之间的动态作用关系,而缺乏企业组织层面相应微观机制的研究。因此,本章通过对我国跨国企业问卷调查的方式,实证检验反向知识溢出对企业创新绩效的影响程度,以及在此过程中企业吸收能力所起到的调节作用。本章分为五个部分:研究假设、问卷设计和样本选择、变量测度、实证分析和结果讨论。

5.1　研究假设

本节首先在对国内外大量文献搜集、整理、总结和提炼基础上,从两个方面提出相应的基本假设:一是反向知识溢出与企业创新绩效之间的关系;二是吸收能力在反向知识溢出影响企业创新绩效过程中所发挥的调节作用。

在过去的 20 年中,企业将获取外部技术看作是重要的创新方式(Duysters 和 Hagedoorn,2000)。自从 Kogut 和 Chang(1991)开创性地研究了知识寻求型对外直接投资以后,反向知识溢出与企业创新绩效之间的关系已开始受到理论界的关注。在缺乏垄断优势的情况下,我国跨国企业对发达国家主要投资动因是扩大海外市场份额,并获取包括品牌、分销

第5章 我国企业对外投资反向知识溢出效应实证研究

网络、先进的技术和管理经验等无形资产在内的战略资源，以缩小与世界先进水平的差距，提高企业产品在国际市场上的竞争能力。同时，大量的实证研究验证了反向知识溢出可以促进企业技术进步。Vahter 和 Masso（2005）实证检验结果表明，爱沙尼亚开展海外投资的企业可以获得正的反向知识溢出效应，提高投资企业的全要素生产率。国内学者也利用全要素生产率和专利数据，从总量角度证明了我国企业对外直接投资存在反向知识溢出效应，并能促进企业技术能力提升（邹玉娟和陈漓高，2008；王英和刘思峰，2008；白洁，2009；刘明霞，2009）。

创新实际上是知识的获取、共享、整合和再创造的过程。而知识又可分为显性知识和隐性知识，其中，隐性知识由于难以模仿，因而构成了企业竞争优势的主要来源。这些隐性知识包括对新产品的技术开发、工艺改进、海外市场开拓和组织管理的经验和知识，并且只有通过人与人之间的直接交流和互动才能获得。然而，东道国企业为了避免"引狼入室"，采取各种措施限制其知识溢出，如制订严格保密措施、限定企业间知识交流范围、只转让非核心技术等，从而防止我国跨国企业成长为它们强有力的市场竞争对手。因此，我国跨国企业实现反向知识溢出的重点在于，通过各种外部联系渠道来获取和利用东道国产生的隐性知识，并通过隐性知识社会化、外在化、整合和内部化，实现企业组织知识创造螺旋形上升过程，最终提高我国跨国企业整体的创新绩效。因此，笔者认为反向知识溢出（包括显性反向知识溢出和隐性反向知识溢出）越大，我国跨国企业的创新绩效越好。

假设一：反向显性知识溢出越大，我国跨国企业的创新绩效越好。

假设二：反向隐性知识溢出越大，我国跨国企业的创新绩效越好。

根据对相关文献的回顾，企业吸收能力不仅可以直接影响创新绩效，而且在很大程度上影响了企业实现反向知识溢出与创新绩效之间的关系。茹玉骢（2004）指出要有效地吸收和利用反向知识溢出，投资企业必须具有相应的知识吸收能力。Ping（2007）认为吸收能力越高，获取战略性资产的倾向越强。现有的资源通常被认为是企业资源开发的先决条件，正如

反向知识溢出与创新绩效

先验知识可以促进新的相关知识的学习和应用。因此当企业有较强的吸收能力，那么它们就可以利用现有资产来获取或建立新的资源，将吸收能力作为平台来加快企业能力发展和提高建立新能力的机会。反向知识溢出实现程度以及对企业创新绩效的促进作用取决于我国跨国企业吸收能力的强弱。因此，笔者假设我国跨国企业总体吸收能力在反向知识溢出和我国跨国企业创新绩效之间发挥了正向调节作用。

假设三：吸收能力在反向显性知识溢出和我国跨国企业创新绩效之间发挥了正向调节作用。

假设四：吸收能力在反向隐性知识溢出和我国跨国企业创新绩效之间发挥了正向调节作用。

我国跨国企业的吸收能力可以划分为四个维度：研发资本、人力资本、社会资本和组织资本。因此，本节进一步探讨基于这四个维度的企业吸收能力所起到的调节作用，并且通过以后的实证分析进行验证。

人力资本是知识转移的载体。不同层次的人力资本水平对OFDI逆向技术溢出效应的消化吸收能力影响作用不同。高技术人才对于一国消化吸收能力的提高起着十分重要的作用，R&D人员和科技活动人员显著增强了我国OFDI逆向技术溢出效应的吸收能力（周春应，2009）。值得注意的是，隐性知识需要通过人与人之间频繁的交流和互动来获取，它更依赖于人力资本的作用。由于知识积累具有路径依赖性，所以东道国外部知识的获取、吸收和利用的效果取决于企业员工现有知识水平、存量与结构，尤其是员工有着与外部知识源相类似的知识基础时，企业就可以有效识别新的外部信息价值，增强在技术引进谈判时讨价还价的能力（Kim，1998）。一些国内文献实证研究表明，人力资本在一定程度上影响了反向知识溢出效应的实现，而且存在着"门槛效应"。林青和陈湛匀（2008）实证结果发现，投资国与东道国高等教育水平的差距对反向溢出效应有着明显影响，而且特别强调两国高等教育水平差距较小时，溢出效应更为显著。刘明霞和王学军（2009）进一步指出，要使对外直接投资对国内技术发展有正向溢出作用，必须跨越一定的人力资本门槛。只有那些人力资本（劳动力平均受教育年限）分别达到 7.85 和 7.91 的地区，对外直接投资才对全要素生产率和技术进步有积极的溢出效应。海外子公司的员工和负责人是我国跨国企业获取反向知识溢出的关键环节。员工受教育和培训水平、获取外部知识意愿的强弱、人际关系处理能力、是否了解当地的社会和文化背景和法律法规、外语的熟练程度以及海外员工的本土化程度等都在不同程度上影响着反向知识溢出的实现。针对此问题，我国跨国企业除了对企业自身的人才进行教育培训之外，一方面，要大力吸引具有深厚国际化背景的高级技术和管理人才，另一方面，也要积极利用东道国当地人才，既可以利用嵌入在个体内部的隐性知识，也可以通过他们的个人关系网络，扩大外部知识来源。因此，笔者认为，增强企业人力资本，可以在很大程度上提高反向知识溢出的实现程度，从而促进企业整体创新绩效的提升。

假设五：基于人力资本维度的吸收能力在反向显性知识溢出和我国跨国企业创新绩效之间发挥了正向调节作用。

假设六：基于人力资本维度的吸收能力在反向隐性知识溢出和我国跨国企业创新绩效之间发挥了正向调节作用。

现有文献表明，企业增强内部研发投入力度，外部知识溢出对企业绩效的影响也越大。Cohen（1989）和 Levinthal（1990）发现研发投入可以增强企业吸收和利用外部知识的能力，提高企业的创新能力。Kinoshita（2000）对捷克制造业的实证研究表明，研发的学习效应的作用远远大于其创新作用。Pradhan 和 Abraham（2005）认为，如果发起海外收购的印度企业的研发密度较高，说明企业拥有关键的吸收能力，可以有效地整合从国外获得的无形资产。Tsai 和 Wang（2008）实证检验了 1998—2002 年 341 家台湾电子制造业外部知识的获取情况，结果表明外部技术获取本身不能显著提高企业绩效，而依赖于内部研发投入的作用。刘常勇和谢洪明（2003）指出在对外直接投资过程中，我国跨国企业可以通过购买专利、技术引进、自主研发等方式，增加企业的知识存量，有利于企业获取、理解和利用东道国的外部知识。曾剑云等（2008）认为落后企业加大 R&D 投入，不仅能直接提升技术水平和增强吸收能力，还能促进先进企业的技

反向知识溢出与创新绩效

术外溢，进而缩小彼此间的技术差距。林青和陈湛匀（2008）认为投资国超出东道国的研发水平越多时，该国有较好的技术吸收能力，反向溢出效应就越明显。而当它的研发投入低于东道国时，该国的技术吸收能力较差，反向溢出效应就越不显著。从初步访谈和调查的结果来看，我国跨国企业基本都建立了独立的研发部门，企业高层领导对创新活动高度重视，研发投入占年销售收入的比例正逐年提高，而且相当一部分企业根据产品技术不同发展阶段的要求，在发达国家建立了多个研发中心或设计中心。因此，笔者认为我国跨国企业通过加大研发的投入力度，包括技术开发经费投入、工艺改进经费投入、技术引进消化经费投入以及海外研发经费投入等，可以增加其自身知识存量的积累，进而有效地获取、同化、转化和利用东道国外部知识，提高企业创新绩效。

假设七：基于研发资本维度的吸收能力在反向显性知识溢出和我国跨国企业创新绩效之间发挥了正向调节作用。

假设八：基于研发资本维度的吸收能力在反向隐性知识溢出和我国跨国企业创新绩效之间发挥了正向调节作用。

社会资本在跨国企业获取东道国外部异质性知识过程中扮演着极其重要的角色。Ivarsson 和 Jonsson（2003）利用 2000 年瑞典的 287 个外国控股子公司的企业数据进行实证检验。他们发现一些外国子公司不仅开展内部研发活动，而且与当地商业伙伴合作，特别与客户、供应商一起共同开发技术能力，其技术开发目的不仅是调整现有技术以适应当地市场，而且更是为了应用于国际市场。在深入研究我国跨国企业海外投资发展状况的基础上，国内学者也从理论上对社会资本所起到的作用给予了充分的肯定。茹玉骢（2004）认为创新的网络化对于企业利用知识外溢带来的正的外部性是非常重要的，这就要求企业在加强对内部基础研究投入的同时，要积极而广泛地与各种科研机构建立联系。这就需要企业具有良好的联系能力，因为企业必须凭借其良好的联系能力与其他机构包括竞争者建立联系。陈菲琼和丁宁（2009）注意到投资企业会在东道国企业和社会结构网络进行深层次嵌入，通过社会联结、信任关系的增强和价值规范的趋同，促进复杂、缄默知识更有效率地转移和沟通。尽管社会网络和社会资本的初始建立成本很高,但是网络关系形成后,维持其运转的成本却相对很低。通过这种方式,投资企业可以复制和重复使用已形成的社会网络和社会资本。我国跨国企业通过与东道国当地企业和机构建立横向或纵向的联系机制,并积极采取各种措施增强合作伙伴之间的信任和互动,减少合作伙伴的机会主义,促进合作伙伴之间的跨组织知识共享和转移。从横向联系机制来看,我国跨国企业通过在东道国创新活动集中地设立研发中心,与当地企业和机构开展近距离的学习和交流,或者与同行业企业建立技术联盟,或者与当地高等教育机构和科研服务部门建立联合实验室,优势互补,共同开发新产品。另外,由于我国跨国企业必须快速准确地响应当地客户的需求,开发新的产品,而当地客户通常也会提出严格的产品质量标准和交货期要求,并给予生产单位一定的生产培训和指导。同时,我国跨国企业也可以通过与当地经销商建立契约关系,合作开拓东道国市场。这都需要我国跨国企业与当地企业建立长期紧密的联系,开展频繁的交流和互动,获取最新信息。需要强调的是,隐性知识的获取更依赖于海外子公司员工与外部人员之间良好的人际关系。与反向显性知识溢出相比,人与人之间非正式交流的强度和质量对反向隐性知识溢出效应实现具有更重要的意义。因此,笔者认为增强企业社会资本,可以在很大程度上提高反向知识溢出的实现程度,从而促进企业整体创新绩效提升。

假设九:基于社会资本维度的吸收能力在反向显性知识溢出和我国跨国企业创新绩效之间发挥了正向调节作用。

假设十:基于社会资本维度的吸收能力在反向隐性知识溢出和我国跨国企业创新绩效之间发挥了正向调节作用。

企业组织的吸收能力依赖于个人的吸收能力,但前者不等于后者的简单集合。对于企业吸收能力来讲,它依赖于企业组织作为一个整体来激励和组织在部门、职能和个人之间的知识转移(Vinding,2006)。企业的组织沟通机制、学习机制、薪酬制度、企业组织结构及企业文化都一定程度上影响着组织知识共享和创造。Van(2005)认为,与协调能力联系的组

反向知识溢出与创新绩效

织机制（跨职能的界面，决策参与、工作轮换）主要增强企业的潜在吸收能力。与社会化能力联系的组织机制（连通性和社会化策略）主要增强企业实现吸收能力。Minbaeva等（2003）发现包括工作轮换、团队合作和绩效导向的薪酬政策在内的人力资源实践对跨国企业子公司的吸收能力有着较大影响。Fosfuri等（2001）研究认为，OFDI要获得逆向技术溢出效应的前提条件是，在国外子公司得到专业培训的员工返回母国公司工作。于渤和崔崑（2008）认为企业内部的组织管理因素是指企业内部有助于外部知识消化、整合及利用的一系列相关机制的集合，包括沟通机制、学习机制、知识共享机制、企业组织结构及企业文化等。高效率的知识共享机制有利于外部新知识在企业内部的传播；企业内部组织结构、文化的不同特征，将决定外部新知识在企业内部的理解、转化和利用；企业内部的学习强度和学习方法对企业外部新知识的扩散、解释和知识创新活动产生重要的影响。我国跨国企业海外投资过程中，开放型的企业文化、充分的授权和激励制度都能鼓励员工积极地寻求外部有价值的技术知识，进行探索性学习，并在一定程度上可以根据需要自主选择外部知识的类型和来源；组织沟通机制、学习机制、薪酬制度等在同化、转化、整合、共享和利用外部新知识过程中发挥了重要的作用。值得注意的是，与外部显性知识相比而言，外部隐性知识需要通过社会化、外在化、整合和内部化这四个阶段才能完成企业知识存量的积累。整个转化过程更依赖于企业的组织资本。例如：组织沟通机制、协调机制和知识共享机制有利于企业成员之间隐性知识的观察和学习，以及隐性知识显性化后在企业内部的传播，而隐性知识内部化过程要求企业具有良好的学习机制和激励机制。因此，笔者认为增强企业组织资本，可以在很大程度上提高反向知识溢出的实现程度，从而促进企业整体创新绩效的提升。

假设十一：基于组织资本维度的吸收能力在反向显性知识溢出和我国跨国企业创新绩效之间发挥了正向调节作用。

假设十二：基于组织资本维度的吸收能力在反向隐性知识溢出和我国跨国企业创新绩效之间发挥了正向调节作用。

5.2 问卷设计和样本选取

5.2.1 问卷设计

(1) 问卷设计原则

由于企业组织层面很难获得相关的二手数据,因此我们通常利用问卷调查来获取第一手数据。在调查问卷设计过程中,需要遵循一系列的设计原则以提高问卷调查的准确性和可靠性。首先,确定本次问卷调查的对象为熟悉企业总体情况的管理者和熟悉企业海外投资情况的其他基层员工,防止不了解具体情况的企业员工对调查问卷随意填写;其次,选择部分企业的管理者进行了试访,根据他们的意见对调查问卷的结构和问题表达的方式进行了反复的修改,这不仅有利于企业员工对调查问题的理解,防止出现诱导性问题,也可以帮助我们完善调查问卷的问题设置,以保证我们所获得的企业信息全面、完整;再次,在问卷调查首页就明确提出,对受访者的问卷严格保密,只在内部范围内做学术统计和建议依据使用,而且在问卷末页承诺愿意给有兴趣的单位和员工提供相关的调查问卷结果,以避免企业受访者产生非自愿填写的情况;最后,企业调查问卷需要受访者填写企业的客观情况,如企业成立时间、企业2008年销售收入等,并且我们通过其他途径进行验证,以提高问卷调查结果的可靠性。

(2) 问卷设计内容

在本次问卷调查设计过程中,首先,表明调查者的身份和调查的目的,并强调对问卷调查的严格保密,然后需要受访者回答企业的一些基本情况,包括企业名称、企业总部所在地、企业成立时间、企业性质、企业2008年销售收入、企业所在行业以及企业是否已经对发达国家进行了直接投资,共7个问题;其次,请受访者根据企业自身特点以及在发达国家投

反向知识溢出与创新绩效

资项目的情况,对问题陈述的认同程度做出判断,分为三大部分,包括对吸收能力相关情况的调查、对反向知识溢出相关情况的调查和对企业创新绩效相关情况的调查;再次,请受访者填写个人有关情况;最后,如果受访者对本次调查感兴趣,需要填写索要调查报告结果的联系方式。具体的调查问卷内容请见文末附录。

(3) 问卷设计形式

在保证变量内部一致性的情况下,对一个问题设置多个衡量指标,可以有效提高问卷调查的信度。同时,本节利用 Likert 量表对相关衡量指标打分。在问卷调查的实证研究中,4 点、5 点、7 点和 10 点 Likert 量表较为常用,其中 5 点和 7 点量表应用更为广泛。由于 7 点量表具有更好的内部一致性和区分度(Symonds,1924;Finn,1972;Nunnally,1995),因此,本次调查问卷采用了 Likert 7 点量表:1 非常不同意、2 不同意、3 有些不同意、4 一般、5 有些同意、6 同意、7 非常同意。

5.2.2 样本的选取

问卷调查的对象限定于在发达国家已实施了直接投资的企业。从 20 世纪 90 年代开始,我国企业对外直接投资规模逐步扩大,特别是对发达国家投资增长较快,尤其在 2007 年美国次贷金融危机正式爆发之后,相当多的发达国家企业出现严重亏损,资金链处于随时断裂的困境,我国部分企业以较低的投资成本进行"海外抄底"。从投资动机来看,我国企业对发达国家投资主要目的之一是为了接近东道国创新知识源,获取反向知识溢出。从对外投资对创新绩效的作用机制来看,对发达国家投资的作用机制中反向知识溢出机制占据主导地位,而对发展中国家投资的作用机制主要是加大研发投入和分摊单位研发成本。因此,尽管部分发展中国家一些产业也具有一定的技术优势,如印度的软件开发和生物医药行业,然而,为了使本次问卷调查更有针对性,将调查对象集中在已对发达国家开展了直接投资的我国跨国企业。

5.3 变量的测度

本节所需测量的变量主要包括四大类：反向知识溢出、企业吸收能力、企业创新绩效和控制变量。其中，反向知识溢出分为反向显性知识溢出和隐性知识溢出，企业吸收能力则包括基于研发资本维度的吸收能力、基于人力资本维度的吸收能力、基于社会资本维度的吸收能力和基于组织资本维度的吸收能力。在设计变量的衡量指标过程中，首先参考以往国内外学者提出的成熟指标体系，并结合我国企业对外直接投资获取反向知识溢出的特点，以此来设计本节变量的相关衡量指标。

5.3.1 反向知识溢出的测度

知识溢出的经验测度方法大体可以分为四类：技术流动方法、成本函数方法、生产函数方法和文献跟踪方法（赵勇和白永秀，2009）。其中专利引用数据是较为常用的反向知识溢出测度指标（Almeida，1996；Branstette，2000；Branstetter，2006），这是一种对反向知识溢出的直接测量方法。林青和陈湛匀（2008）认为一个专利在提出申请的时候，其引用次数的指标毫无疑问地表明了这个专利借鉴参考前人发明成果和知识积累的情况。引用次数越多，说明知识技术溢出的效应越明显。其他学者还采用了研发投入、全要素生产率和部门增加值等指标作为被解释变量，通过模型中对外直接投资变量的系数符号、大小以及显著程度的估计，间接地测量反向知识溢出效应（Kogut 和 Chang，1991；Van，2001；Driffield 和 Love，2003；王英和刘思峰，2008）。但这些指标多用于区域和产业之间的反向知识溢出测度，而且忽略了企业组织之间的隐性知识溢出。

自 Polanyi（1958）首次提出隐性知识的概念后，隐性知识已受到了理论界的广泛关注。隐性知识具有高度异质性，难以模仿，因此被认为是一

反向知识溢出与创新绩效

种构建企业层面竞争优势的战略性资产。Mathews（2002）认为，后进企业实施追赶战略需要吸收和利用外部资源。其中，强调了外部资源应包括隐性和显性知识。由于隐性知识度量的困难，部分研究文献从隐性知识溢出所带来企业技能水平的变化来间接地进行测量。Sternberg 和 Horvath（1999）认为隐性知识是无法独立于员工个体而存在的各种技能。Peter 等（2001）将从母公司获取的技能归为五类：管理技能、技术技能、市场营销技能、制造和生产技能、产品开发技能。Fallah 和 Ibrahim（2004）认为隐性知识包括开发技能和生产运作技能。Norman（2004）以是否提高现有的管理或技术水平，以及是否能够开发新的管理和技术技能这四个指标来衡量隐性知识溢出。朱秀梅（2006）则将隐性知识溢出划分为四类：获得市场开发技能、生产运作技能、新产品及服务开发技能和企业管理技能。考虑到隐性知识难以编码化和从正式渠道获取，对它的学习只能从个人之间的语言和实际协作中的经验沟通中获取（许小虎和项保华，2005）。因此，如果仅从技能角度来测度隐性知识溢出，难以将其与显性知识溢出完全区分开来，有必要将技能与相关溢出所伴生的行为特征结合在一起来制订隐性知识溢出衡量指标。

本节将我国企业对外直接投资反向知识溢出分为反向显性知识溢出和反向隐性知识溢出。其中，前者以 2 个指标来衡量，而后者则以 4 个指标来衡量，并且强调企业是通过人员直接交流和互动来获得隐性反向知识溢出，指标具体内容包括：企业能从东道国获得大量先进的专利技术、企业能从东道国获得大量先进的技术和管理文件资料、企业能通过人员直接交流和互动从东道国获得大量的综合管理经验、企业能通过人员直接交流和互动从东道国获得大量的市场营销经验、企业能通过人员直接交流和互动从东道国获得大量的生产运作经验、企业能通过人员直接交流和互动从东道国获得大量的新产品开发经验。本节采取的测量尺度为 Likert 7 点量表（1 非常不同意、2 不同意、3 有些不同意、4 一般、5 有些同意、6 同意、7 非常同意）。具体见表 5-1。

表 5-1 反向知识溢出测量量表

反向知识溢出类型	代码	指标	测量尺度
反向显性知识溢出（KS）	KS1	企业能从东道国获得大量先进的专利技术	Likert 7 点量表（1 非常不同意、2 不同意、3 有些不同意、4 一般、5 有些同意、6 同意、7 非常同意）
	KS2	企业能从东道国获得大量先进的技术和管理文件资料	
反向隐性知识溢出（TS）	TS1	企业能通过人员直接交流和互动从东道国获得大量的综合管理经验	
	TS2	企业能通过人员直接交流和互动从东道国获得大量的市场营销经验	
	TS3	企业能通过人员直接交流和互动从东道国获得大量的生产运作经验	
	TS4	企业能通过人员直接交流和互动从东道国获得大量的新产品开发经验	

5.3.2 吸收能力的测度

企业吸收能力的实证分析是很困难的（Becker 和 Peters 2000）。研究企业层面吸收能力的过程中，调查是解决这个问题的办法，然而研究者利用调查方法也不能直接测量吸收能力（Schmidt，2005）。目前，研究者主要从过程和成因这两个维度来衡量吸收能力。但过程维度的吸收能力，即获取、同化、转化和应用能力难以清晰度量，即使企业经理人也很难搞清楚这四个阶段吸收能力的大小。因此，过程维度的吸收能力既在管理实践上难以操作，在实证研究中也难以测度，问卷调查中设计相应的问项是困难的，即使在学术上定义清晰，问卷答题者也可能很难准确判断（陶峰，2009）。因此，其他学者通过吸收能力的成因分析来设计调查问卷。

相当多的研究学者利用内部研发来衡量吸收能力（Cohen 和 Levinthal，1990；Helfat，1997；Stock 等，2001；Griffith 等，2003；Schmidt，2005；Tsai 和 Wang，2008）。然而，如果仅仅采用内部研发这一种变量，显然研究角度过于单一，不能全面反映企业的各个维度吸收能力。因此，本节基于人力资本、研发资本、社会资本和组织资本这四个维

反向知识溢出与创新绩效

度来衡量吸收能力。

(1) 基于人力资本维度的吸收能力测量

现有研究文献一般采用员工知识结构的差异化和重叠性程度以及知识经验存量这两方面来衡量企业人力资本水平。Knudsen 和 Roman（2004）认为吸收能力包括企业员工专业化水平，具体指标包括拥有研究生以上水平的顾问比例、医疗中心是否雇用了至少一位医师（1＝有，0＝没有）以及经过认证或许可的顾问比例。Nietoa 和 Quevedo（2005）以组织的知识和经验的水平以及知识结构的差异化和重叠性来衡量企业人力资本水平。前者测量指标包括：大部分员工素质很高、有着很强的技能，我们对培训投入很大，我们通过改进竞争者的产品和工艺来创新；后者测量指标包括：企业组织包含了大量的管理职位，企业员工有着广泛的培训和教育背景。Mariano 和 Pilar（2005）认为企业技术诀窍和经验存量对企业吸收能力很重要，它包括：大多数员工具备熟练的技能，较高的员工培训投入、通过改进竞争对手的产品和工艺进行创新，有能力开发世界领先的全新技术，有较强的技术开发能力，员工有良好的培训和教育背景。Keld 和 Ammon（2005）以大学以上学历员工占员工总人数的比例和企业研发投入占销售额的比重来衡量吸收能力。Vinding（2006）认为吸收能力指标包括：有学位的员工的比例，员工平均工作经验。其中以员工的工作经验来测度从干中学所获得的知识。Vega-Jurado 等（2008）衡量企业人力资本指标，具体包括：员工的教育水平，以受过高等教育的员工占总雇员的比例计算；工人的资历，提供了一个对企业积累经验的衡量，以企业中员工平均受雇年限计算；Abreu 等（2008）认为对吸收能力的衡量指标包括员工受教育程度或从事研发活动人员的比重。国内学者对人力资本的测量指标内容也提出了一些设计方法。崔志和于渤（2008）从以下几个指标对基于人力资本维度的吸收能力进行测量：企业内部员工的人力资本水平（包括企业内部员工的知识重叠性高，员工具有良好的培训和教育背景，大多数员工具备本岗位熟练的技能，企业内部员工有丰富的经验和企业的高层领导积极引进和推动新知识学习）；企业的先验知识（包括企业了解本行业最新发展信息和技术，企业已经积累了大量的文件资料，企业已经形成了经验总结的习惯传统，企业经常领先竞争对手开发新产品或新服务项目)。邹艳和张雪花(2009)设计人力资本的测量量表主要包括员工知识经验、态度和能力3个因素。

因此,本节设计的基于人力资本维度的吸收能力测量指标包括:大多数企业员工有良好的专业背景、大多数员工受到了良好的培训、大多数员工具备本岗位所需的知识和技能、大多数员工在企业工作年限较长、大学本科以上学历员工占总人数比例高于行业平均水平、企业拥有大量的国际化高级技术和管理人才、企业在海外子公司拥有较高比例的当地员工、企业高层管理者具有开阔的国际化视野和企业高层管理者具有很强的国际化经营能力。本节采取的测量尺度为Likert 7点量表(1非常不同意、2不同意、3有些不同意、4一般、5有些同意、6同意、7非常同意)。具体见表5-2。

表5-2 基于人力资本维度的吸收能力测量量表

	代码	指标	测量尺度
基于人力资本维度的吸收能力(HUM)	A1	大多数企业员工有良好的专业背景	Likert 7点量表(1非常不同意、2不同意、3有些不同意、4一般、5有些同意、6同意、7非常同意)
	A2	大多数员工受到了良好的培训	
	A3	大多数员工具备本岗位所需的知识和技能	
	A4	大多数员工在企业工作年限较长	
	A5	大学本科以上学历员工占总人数比例高于行业平均水平	
	A6	企业拥有大量的国际化高级技术和管理人才	
	A7	企业在海外子公司拥有较高比例的当地员工	
	A8	企业高层管理者具有开阔的国际化视野	
	A9	企业高层管理者具有很强的国际化经营能力	

反向知识溢出与创新绩效

(2) 基于研发资本维度的吸收能力测量

大部分研究文献关于研发资本维度的吸收能力的测量指标，包括研发投入和研发活动的持续性。Alvaro 等（2002）设计的吸收能力指标包括：企业是否拥有独立的研发部门，企业是否开展研发人员的培训活动，研发人员占员工人数的比例是否高于行业平均水平。Schmidt（2005）对吸收能力的构成要素进行了实证检验。他从 2 个维度来测度研发活动，一是，研发活动的持续性；用这个方法是为了探讨吸收能力的路径依赖性。如果企业持续地从事研发活动，应该能够在他们的专业研究领域发展相关技能和经验。如果企业偶尔从事研发活动，那么先验知识则是有限的。二是，研发支出占总营业额的比重（研发密度）。Vega-Jurado 等（2008）以 2 个指标测量研发行为的发展状况：R&D 支出占企业年销售收入比例，企业是否成立研发部门。Abreu 等（2008）以研发支出来衡量吸收能力。Murove 和 Prodan（2009）认为吸收能力包括内部研发、作为内部研究和实验发展的创新开支、研发人员数和关于创新项目的人员培训。国内学者崔志和于渤（2008）设计的研发资本指标包括：企业拥有独立的新产品或新业务的研发部门，企业研发投入占销售收入的比重高于行业平均水平，研发人员占员工人数的比例高于行业平均水平，企业能够持续地开展研发和创新活动，企业具有完备的研发物质资源。陈菲琼和丁宁（2009）将吸收能力指标设计为：技术引进经费和消化吸收经费。

由于我国跨国企业普遍建立了研发部门，并且实施独立的资金预算，因此，本节采用研发投入（包括资金投入和人员投入）来衡量基于研发资本维度的吸收能力，具体测量指标包括：同行业中企业用于新产品开发的经费支出较多、同行业中企业用于工艺改进的经费支出较多、同行业中企业用于技术引进的经费支出较多、同行业中企业海外研发经费支出较多和研发人员占总员工人数的比例高于行业平均水平。本节采取的测量尺度为 Likert 7 点量表（1 非常不同意、2 不同意、3 有些不同意、4 一般、5 有些同意、6 同意、7 非常同意）。具体见表 5-3。

第5章 我国企业对外投资反向知识溢出效应实证研究

表 5-3 基于研发资本维度的吸收能力测量量表

	代码	指标	测量尺度
基于研发资本维度的吸收能力（RD）	A10	同行业中企业用于新产品开发的经费支出较多	Likert 7 点量表（1 非常不同意、2 不同意、3 有些不同意、4 一般、5 有些同意、6 同意、7 非常同意）
	A11	同行业中企业用于工艺改进的经费支出较多	
	A12	同行业中企业用于技术引进的经费支出较多	
	A13	同行业中企业海外研发经费支出较多	
	A14	研发人员占总员工人数的比例高于行业平均水平	

（3）基于社会资本维度的吸收能力测量

企业的社会资本在吸收和利用东道国外部知识过程中起到了极其关键的作用。Knudsen 和 Roman（2004）从环境扫描和满意度来衡量社会资本。前者包括：员工关于医疗技术的知识来自于出版物的程度、职业发展的参与程度、是否参加了专业协会、与其他医疗组织的非正式沟通[从 0（没有）到 5（很大程度上）]。后者则包括医疗中心是否调查了客户对于服务的满意度，医疗中心是否从第三方收集了满意度数据（1＝有，0＝没有）。Nietoa 和 Quevedo（2005）从企业和周围环境联系的角度测量社会资本维度的吸收能力，具体包括：该公司自身的工作人员系统地开展科技意识调查，该公司经常进行市场调研以便能够了解客户需求，我们经常利用许可方法获得技术，与其他企业合作开发新产品和工艺，研发预算花在企业外部分包研究小组，企业很好地意识到了竞争者开发的技术成为产业部门中其他企业的技术提供者，企业利用其他实体（顾问、大学）寻找新的机会以引进新的产品。Mariano 和 Pilar（2005）也是从企业与外部环境联系的角度来测量社会资本，包括企业员工进行系统的技术发展调查，经常使用许可方式获取技术，通过与其他企业合作开发新产品，比较了解竞争对手的技术发展情况，为同行业中的其他企业提供技术，通常去其他机构寻找新产品的机会。一些学者从外部知识源对于企业的重要程度来考察基于社会资本维度的吸收能力。Abreu 等（2008）认为，对吸收能力的衡量指标包括：是否和本地、国内或海外伙伴合作，其中伙伴包括客户、供应商、竞争者、高等教育机构、咨询公司、政府机构等。Murove 和 Prodan（2009）指出吸收能力指标应包括：是否与集团其他企业、供应商、

反向知识溢出与创新绩效

客户、竞争者和同行业企业、咨询公司、商业试验室、学校、政府等组织开展了创新合作。并且他们进一步调查受访者关于各类型组织所处的地区：国内、欧盟内部、欧盟候选国、美国、日本、其他。崔志和于渤（2008）认为企业的外部社会资本衡量指标包括：企业经常与供应商、客户、科研院所及政府等部门接触交流。邹艳和张雪花（2009）认为，测量社会资本的量表由 13 个问题项组成，包含与供应商关系、与顾客关系和与合作伙伴关系 3 个因素。这些学者设计吸收能力指标都仅从某一方面反映了社会资本维度的吸收能力，其指标设计仍不完善。

因此，本节借鉴 Nahapiet 和 Ghoshal（1998）划分社会资本的方式（结构维度、关系维度和认知维度）来设计社会资本维度的吸收能力测量指标，其内容包括：与东道国同行业企业建立了广泛的合作关系，与东道国当地客户建立了广泛的合作关系，与东道国当地供应商建立了广泛的合作关系，与东道国当地大学和科研机构建立了广泛的合作关系，与东道国管理咨询服务机构建立了广泛的合作关系，与东道国政府机构建立了广泛的合作关系，双方定期开展多层次的非正式交流和互动，双方的信息交流及时、可靠，双方愿意保持长期稳定的合作关系、双方认为彼此值得信赖，双方对交往过程感到满意，双方有着共同的经营目标和发展理念和双方在交往过程中较少发生冲突。本节采取的测量尺度为 Likert 7 点量表（1 非常不同意、2 不同意、3 有些不同意、4 一般、5 有些同意、6 同意、7 非常同意）。具体见表 5-4。

表 5-4 基于社会资本维度的吸收能力测量量表

	代码	指标	测量尺度
基于社会资本维度的吸收能力（SC）	A15	与东道国同行业企业建立了广泛的合作关系	Likert 7 点量表（1 非常不同意、2 不同意、3 有些不同意、4 一般、5 有些同意、6 同意、7 非常同意）
	A16	与东道国当地客户建立了广泛的合作关系	
	A17	与东道国当地供应商建立了广泛的合作关系	
	A18	与东道国当地大学和科研机构建立了广泛的合作关系	
	A19	与东道国管理咨询服务机构建立了广泛的合作关系	
	A20	与东道国政府机构建立了广泛的合作关系	

续表

代码	指标	测量尺度
A21	双方定期开展多层次的非正式交流和互动	Likert 7 点量表（1 非常不同意、2 不同意、3 有些不同意、4 一般、5 有些同意、6 同意、7 非常同意）
A22	双方的信息交流及时、可靠	
A23	双方愿意保持长期稳定的合作关系	
A24	双方认为彼此值得信赖	
A25	双方对交往过程感到满意	
A26	双方有着共同的经营目标和发展理念	
A27	双方在交往过程中较少发生冲突	

（基于社会资本维度的吸收能力（SC））

（4）基于组织资本维度的吸收能力测量

组织资本是吸收能力的重要影响因素之一。Nietoa 和 Quevedo（2005）认为吸收能力指标应包括：研发人员的报酬与创新的贡献联系在一起，企业专注于少量的技术，新产品开发项目由多学科小组开展；我们企业各种活动的协调程度很高，与其他公司相比，我们在每一管理层次都有大量的部门。Mariano 和 Pilar（2005）则认为组织资本维度的吸收能力包括：企业集中生产、组织中有大量的管理岗位，活动协作程度，研发人员的薪酬与其对创新的贡献程度有关，新产品开发项目由多部门参与程度。Murove 和 Prodan（2009）认为吸收能力应包括企业员工对于变化的态度，受访者会被问到企业是否有以下的行为：新的或重要改变的企业战略，先进的管理技术，新的或显著改变的组织结构，显著改变的市场营销理念或战略。国内学者崔志和于渤（2008）从企业内部的组织管理因素和企业吸收知识的意愿两方面来测量组织资本。其中，前者包括企业员工之间能够分享信息，企业内部的权力比较分散，企业注重各部门的成功经验的推广，企业领导者注重团队合作的企业文化建设；后者包括企业的薪酬体系鼓励员工学习知识，企业大多数员工愿意将自己的工作知识和经验告知他人，在做决策或讨论时大多数员工会尽己所能提供意见作为测量指标。邹艳和张雪花（2009）认为组织资本的测量应包括组织结构、组织文化、组织学习等因素。

在借鉴现有文献研究成果的基础上，本节设计以下指标来测量基于组

反向知识溢出与创新绩效

织资本维度的吸收能力,具体指标包括:企业实施了绩效为导向的薪酬制度、企业员工获得了充分的授权、企业员工获得了大量的工作轮换机会、企业员工获得了大量的培训和学习的机会、企业积极开展团队合作、企业内部建立了高效的知识交流和共享机制、企业已采用矩阵式的组织结构和企业已经形成了开放型的企业文化。本节采取的测量尺度为 Likert 7 点量表(1 非常不同意、2 不同意、3 有些不同意、4 一般、5 有些同意、6 同意、7 非常同意)。具体见表 5-5。

表 5-5 基于组织资本维度的吸收能力测量量表

	代码	指标	测量尺度
基于组织资本维度的吸收能力(OC)	A28	企业实施了绩效为导向的薪酬制度	Likert 7 点量表(1 非常不同意、2 不同意、3 有些不同意、4 一般、5 有些同意、6 同意、7 非常同意)
	A29	企业员工获得了充分的授权	
	A30	企业员工获得了大量的工作轮换机会	
	A31	企业员工定期接受培训和学习	
	A32	企业积极开展团队合作	
	A33	企业内部建立了高效的知识交流和共享机制	
	A34	企业已经形成了开放型的企业文化	
	A35	企业已采用矩阵式的组织结构	

5.3.3 企业创新绩效的测度

一些学者采用了专利的申请量和授权量来衡量企业创新绩效。刘明霞(2009)则发现短期内我国对外直接投资对总专利、发明和实用新型专利申请有显著的逆向溢出,而长期内只对技术含量较低的外观设计专利申请有显著的逆向溢出。然而专利并不能完全反映企业的创新行为(Kesidou 和 Romijn,2006),而且也不容易获得企业层面的专利引用数据。因此,国内外学者还从其他角度来衡量企业创新绩效,具体企业创新绩效衡量指标见表 5-6。由于企业创新绩效是企业创新后所形成的对企业总绩效的贡献部分,所以笼统的企业绩效指标如利润、收入增长等不能作为企业创新绩效的测量对象(詹华庆,2009)。更多的学者认为应该从产品创新和工艺创新来衡量企业创新绩效(hobday,1995;Maria 和 Orjan,2004;Ari,2005)。Murove 和 Prodan(2009)认为产品创新指的是产品或服务的范围

第5章 我国企业对外投资反向知识溢出效应实证研究

扩大和市场份额增加,而工艺创新指的是生产弹性改善、生产能力增加、单位产品劳动力成本降低、单位产品的原料和能源消耗减少。

表 5-6 企业创新绩效相关研究文献

文献引用	衡量指标
Andrea 和 Josep（2008）	企业是否引入新产品或进行产品或工艺的改良 新产品或产品改良对企业销售额的贡献
Calantone 等（2002）	生产系统创新 新观点的试验次数 寻找新方法 提供新产品和服务的速度 引入新产品
Maria 和 Orjan（2004）	产品创新及工艺创新活动对成本降低贡献程度 产品创新及工艺创新活动对销售额提高贡献程度 产品创新及工艺创新活动对利润率提高贡献程度 产品创新及工艺创新活动产品质量提高的贡献程度
Kesidou 和 Romijn（2006）	是否引入新产品和服务 是否彻底改变了产品和服务 新的或彻底改变的产品和服务如果存在,其占销售额的比重 产品或服务是否获得相关的质量认证书
Escriban 等（2009）	新产品占年销售额的比重 是否引入了产品创新或过程创新
朱秀梅（2006）	企业产品创新活动对企业盈利率的贡献 企业产品创新活动对企业市场份额提高的贡献 企业产品创新活动对员工素质提高的贡献
于冬（2008）	新产品开发速度明显增快 新产品种类明显增多 新产品开发成功率明显提升 技术水平明显提升

反向知识溢出与创新绩效

续表

文献引用	衡量指标
詹华庆（2009）	上市的新产品或者改良产品个数 上市的新产品或者改良产品的销售额占总体产品销售额比重 使企业受益的专利发明和其他知识产权件数
彭灿和杨玲（2009）	年申请的产品专利数 年新产品数量占企业产品总数比例 年新产品销售比例 产品质量改善率 生产周期缩短的时间 产品成本的降低情况
徐亮等（2009）	合作后企业的现有产品组合有明显改进 合作后新产品的市场化效率很高 合作后企业的产品质量有明显提高工艺创新 合作后开发新的技术有根本性变化 合作后企业享有的专利数增加 合作后企业的技术范围显著扩大

通过初步访谈了解到，我国跨国企业在海外投资过程中组织管理水平和国际市场开拓能力也得到了一定程度的改善。因此，本次调查问卷设计企业创新绩效指标内容不仅包括技术创新绩效衡量指标，还包括管理和销售创新绩效衡量指标。其具体内容包括：企业开展海外投资后，专利申请数量明显增加、新产品销售收入占总收入比例明显增加、产品质量明显提高、产品生产周期明显缩短、产品生产成本明显降低、市场营销能力明显增强、综合管理水平明显提高。本节采取的测量尺度为 Likert 7 点量表（1 非常不同意、2 不同意、3 有些不同意、4 一般、5 有些同意、6 同意、7 非常同意）。具体见表 5-7。

表 5-7 企业创新绩效测量量表

代码		指标	测量尺度
企业创新绩效（IN）	IN1	企业开展海外投资后，专利申请数量明显增加	Likert 7 点量表（1 非常不同意、2 不同意、3 有些不同意、4 一般、5 有些同意、6 同意、7 非常同意）
	IN2	企业开展海外投资后，新产品销售收入占总收入比例明显增加	
	IN3	企业开展海外投资后，产品质量明显提高	
	IN4	企业开展海外投资后，产品生产周期明显缩短	
	IN5	企业开展海外投资后，产品生产成本明显降低	
	IN6	企业开展海外投资后，市场营销能力明显增强	
	IN7	企业开展海外投资后，综合管理水平明显提高	

5.3.4 控制变量

本节采用企业规模（SZ）作为模型的控制变量。企业规模越大，承担风险能力越强，可以加大创新投入力度，有能力同时开展多领域的研究；规模大的企业可以为人才创造宽松的创新环境，提供更广阔的发展空间，实现其自身价值；规模大的企业可以接近更为广泛的外部技术知识源，与当地企业和科学机构合作更为紧密，而且也更容易扫描东道国环境中的相关外部技术资源，有效地处理本地响应性产生的压力。一些国外学者利用雇用劳动力数量、固定资产和销售额来衡量企业规模（Tsai 和 Wang，2008）。由于本次问卷调查的对象包括劳动力密集型产业和技术、资本密集型产业，使用员工数指标量并不能有效反映企业规模，因此本节选取我国跨国企业 2008 年销售收入作为衡量企业规模大小的指标。

5.4 实证分析

5.4.1 问卷的发放与回收

问卷通过笔者关系网络以邮政寄送、电子邮件和当面提交的方式发放，总共发放问卷 300 份，实际回收问卷 164 份，其中，6 份问卷中受访企业没有在发达国家投资，9 份问卷存在随意填写的现象，有 12 份问卷存在问题回答不完整的情况,剔除这些无效问卷共 27 份,最后获得有效问卷 137 份,有效问卷回收率为 45.7%,问卷调查时间为 3 个月。

5.4.2 受访者个人基本情况

本次调查访问的对象中,受访者主要来自于企业综合管理、市场营销和研发岗位,占总受访对象比例分别为 30.7%、24.8% 和 19.0%。而处于生产、财务和物资采购岗位的受访者比例较低,占总受访对象比例分别只有 10.9%、2.1% 和 5.8%(见表5-8)。在这些受访者中,中高层管理者占了 64.2%,已超过了半数,而普通员工所占比例最少,只有 10.2%(见表 5-9)。从工作年限来看,81.1% 的受访者在企业工作了三年以上。这些受访者具有丰富的工作经验,并且长期在企业工作,熟悉和了解企业运营的各个环节,特别是对企业经营管理中出现的一些问题有着自己独到的看法(见表 5-10)。因此,本次问卷调查内容的信度和效度可以得到有效保证。

表 5-8 受访者工作岗位

工作岗位	频次	百分比
综合管理	42	30.7%
市场营销	34	24.8%
研发	26	19.0%
生产	15	10.9%
财务	3	2.1%
物资采购	8	5.8%
其他	9	6.5%
合计	137	100%

表 5-9 受访者职位

职位	频次	百分比
高层管理者	16	11.7%
中层管理者	72	52.6.6%
基层管理者	35	25.5%
普通员工	14	10.2%
合计	137	100%

第5章 我国企业对外投资反向知识溢出效应实证研究

表 5-10 受访者在企业工作年限

工作年限	频次	百分比
1年以内	5	3.0%
1—3年	21	15.3%
3—5年	62	45.3%
5年以上	49	35.8%
合计	137	100%

5.4.3 受访企业基本情况

从对外投资企业的地区分布来看，76.6%的投资企业来自于东部地区，与实际情况相符。从企业性质来看，调查对象中民营企业超过了半数，达到了57.7%，而国有企业只占32.8%。这显示出民营企业在对外投资活动中日趋活跃，发挥了较为重要的作用。从对外投资的行业来看，医药、电子、纺织服装、机械制造和化工行业中企业是本次问卷调查的重点，分别占总调查企业的比例为8.8%、22.6%、16.8%、12.4%和10.2%，这些企业海外投资的主要目标为扩大海外市场份额和获取先进技术、管理经验。从企业2008年销售收入来看，本次问卷调查以大中型企业为主（见表5-11至表5-15）。

表 5-11 对外投资企业地区分布情况

地区分布	频次	百分比
东部	105	76.6%
中部	24	17.6%
西部	8	5.8%
合计	137	100%

表 5-12 企业性质

企业性质	频次	百分比
中外合资	13	9.5%
外商独资	0	0
国有	45	32.8%
民营	79	57.7%
其他	0	0
合计	137	100%

表 5-13　企业成立时间分布情况

成立时间	频次	百分比
5 年以下	4	2.9%
5~10 年	28	20.4%
10~20 年	73	53.3%
20 年以上	32	23.4%
合计	137	100%

表 5-14　企业所属行业分布情况

行业	频次	百分比
医药	12	8.8%
电子、电气	31	22.6%
机械制造	17	12.5%
交通运输设备	9	6.5%
纺织服装	23	16.8%
化工	14	10.2%
其他	31	22.6%
合计	137	100%

表 5-15　企业 2008 年销售收入分布情况

销售收入	频次	百分比
3 000 万元以下	0	0
3 000 万~3 亿元	27	19.7%
3 亿~10 亿元	42	30.7%
10 亿~20 亿元	16	11.6%
20 亿~50 亿元	21	15.3%
50 亿~100 亿元	7	5.2%
100 亿元以上	24	17.5%
合计	137	100%

5.4.4　问卷信度和效度检验

(1) 效度检验

效度是指测量工具或手段能够准确测出所需测量的事物的程度。效度

第5章 我国企业对外投资反向知识溢出效应实证研究

分为三种类型：内容效度、准则效度和结构效度。内容效度又称表面效度或逻辑效度，它是指所设计的题项能否代表所要测量的内容或主题。对内容效度常采用逻辑分析与统计分析相结合的方法进行评价。准则效度又称为效标效度或预测效度。准则效度分析是根据已经得到确定的某种理论，选择一种指标或测量工具作为准则，分析问卷题项与准则的联系。结构效度是指测量结果体现出来的某种结构与测值之间的对应程度（元莱滨等，2003）。

在本次调查问卷设计过程中，首先对大量的相关国内外文献进行了搜集和整理，并与同专业的多位博士就问卷的设计开展了深入的交流和讨论，形成初稿，然后再通过对部分企业中高层管理者的访谈，将问卷不断完善和优化，符合问卷的内容效度要求。同时，本次问卷调查内容是关于我国跨国企业获取反向知识溢出的情况，属于探索性的研究，很难找到一个合适的准则来进行检验。此外，结构效度检验通常采用因子分析方法。做因子分析时，首先要进行KMO检验和Bartlett球形检验，其中，当KMO统计量大于0.9时，效果最好，而当KMO统计量大于0.7时可以接受，如果KMO统计量小于0.5就不能做因子分析。而Bartlett球形检验统计量显著时，可以做因子分析。

从表5-16、表5-17和表5-18来看，各因子的KMO统计量均大于0.7，并且Bartlett球形检验统计量也都在1%的水平上显著，可以做因子分析，并且检验结果也显示出各测量项目在相关因子上的因子载荷均大于0.5，表明问卷测量量表有着较高的效度。

表5-16 反向知识溢出效度检验结果

测量项目		因子载荷	KMO检验	Bartlett球形检验
反向显性知识溢出	KS1	0.92	0.73	43.79***
	KS2	0.91		
反向隐性知识溢出	TS1	0.79	0.74	51.44***
	TS2	0.97		
	TS3	0.79		
	TS4	0.78		

说明："*，**，***"分别表示在10%、5%和1%水平上显著。

资料来源：笔者根据调查问卷SPSS软件分析结果整理设计。

表 5-17 吸收能力效度检验结果

测量项目		因子载荷	KMO 检验	Bartlett 球形检验
基于人力资本维度的吸收能力	A1	0.77	0.71	87.92***
	A2	0.82		
	A3	0.81		
	A4	0.75		
	A5	0.87		
	A6	0.73		
	A7	0.82		
	A8	0.76		
	A9	0.86		
基于研发资本维度的吸收能力	A10	0.75	0.77	126.73***
	A11	0.74		
	A12	0.79		
	A13	0.74		
	A14	0.72		
基于社会资本维度的吸收能力	A15	0.81	0.78	65.32***
	A16	0.70		
	A17	0.75		
	A18	0.82		
	A19	0.71		
	A20	0.66		
	A21	0.78		
	A22	0.83		
	A23	0.72		
	A24	0.84		
	A25	0.81		
	A26	0.76		
	A27	0.72		

续表

测量项目		因子载荷	KMO检验	Bartlett球形检验
基于组织资本维度的吸收能力	A28	0.71	0.75	149.81***
	A29	0.69		
	A30	0.73		
	A31	0.75		
	A32	0.76		
	A33	0.63		
	A34	0.78		
	A35	0.72		

说明:"*,**,***"分别表示在10%、5%和1%水平上显著。

资料来源:笔者根据调查问卷SPSS软件分析结果整理设计。

表 5-18　企业创新绩效效度检验结果

测量项目		因子载荷	KMO检验	Bartlett球形检验
企业创新绩效	IN1	0.70	0.80	152.63***
	IN2	0.77		
	IN3	0.75		
	IN4	0.83		
	IN5	0.75		
	IN6	0.86		
	IN7	0.71		

说明:"*,**,***"分别表示在10%、5%和1%水平上显著。

资料来源:笔者根据调查问卷SPSS软件分析结果整理设计。

(2) 信度检验

信度是指对同一事物重复测量结果的一致性程度,它能够反映测量工具的一致性和稳定性,一般用信度系数来表示。问卷一致性高是指同一群人接受性质相同、题型相同、目的相同的不同问卷测验后,在各结果之间显示出较强的正相关性。问卷稳定性高是指一群人在不同的时空条件下,接受相同工具的测量后,所得结果差异很小。按评价对象不同,信度可以分为两类:内在信度和外在信度。前者是衡量调查表中的某一组问题是否

反向知识溢出与创新绩效

是同一个概念,而后者则是同一问卷在不同时间内对同一对象进行重复测量,所得结果之间的一致性程度(杜强等,2009)。

信度分析方法包括重测信度法、折半信度法和 α 信度系数法。重测信度法是对同一被测对象间隔一定时间重复测试,计算两次测试结果的相关系数。重复测试容易受环境影响,而且在实际操作中有较大难度。折半信度法指将测量项目按奇偶项分成两半分别计分,测算两半分数之间的相关系数,再据此确定整个测量的信度系数。α 信度系数法是最常用的信度分析方法,其公式为:

$$\alpha = [K/(k-1)] [1 - \sum_{i=1}^{k} var(i)/var]$$

其中 k 为量表中评估项目的总数,$var(i)$ 为第 i 个项目得分的表内方差,var 为全部项目总得分的方差(张红兵等,2007),克朗巴哈 α 信度系数越大,变量内部一致性越强。

研究者对克朗巴哈 α 信度系数的区间有着不同定义。

Guilford 和 Fruchter(1987)认为克朗巴哈 α 信度系数大于 0.7 为高信度,当克朗巴哈 α 信度系数小于 0.7 而大于 0.35 时,信度可以接受,若小于 0.35 则为低信度,应予拒绝,具体见表 5-19。

表 5-19　量表信度系数区间

信度	克朗巴哈 α 信度系数
信度较高	$0.7 < \alpha$
可以接受的信度	$0.35 < \alpha < 0.7$
信度偏低	$\alpha < 0.35$

资料来源:GUILFORD J. P.,FRUCHTER,B. Fundamental Statistic in Psychology and Education [J]. Singapore:McGraw-Hill,Inc,1987.

张红兵等(2007)认为一份信度系数好的问卷最好在 0.8 以上,0.7—0.8 之间还算是可以接受的范围;分量表最好在 0.7 以上,0.6—0.7 之间可以接受。如果分量表的内部一致性系数在 0.6 以下或者总量表信度系数在 0.7 以下,应重新考虑修订量表或增删题项,量表信度与克朗巴哈 α 信度系数关系见表 5-20 和表 5-21。

第5章 我国企业对外投资反向知识溢出效应实证研究

表 5-20 总量表信度系数区间

信度	克朗巴哈 α 信度系数
可以接受的信度	α≥0.8
不能接受的信度	α<0.8

资料来源：张红兵，贾来喜，李潞．Spss 宝典［M］．北京：电子工业出版社，2007．

表 5-21 分量表信度系数区间

信度	克朗巴哈 α 信度系数
信度较高	0.7<α
可以接受的信度	0.6<α<0.7
信度偏低	α<0.6

资料来源：张红兵，贾来喜，李潞．Spss 宝典［M］．北京：电子工业出版社，2007．

鉴于上述标准，本次问卷调查通过克朗巴哈 α 信度系数计算来判断变量的内部一致性。从表 5-22 可以看出总量表信度系数在 0.8 以上，满足了对总量表的信度要求，表 5-23 则显示出各个分量表的信度均在 0.6 以上，达到了分量表的信度要求。

表 5-22 问卷总量表信度系数区间

信度	项目	问卷总量表克朗巴哈 α 信度系数
可以接受的信度	48	0.86

资料来源：笔者根据调查问卷 SPSS 软件分析结果整理设计。

表 5-23 问卷分量表信度系数区间

信度	项目	问卷分量表克朗巴哈 α 信度系数
反向显性知识溢出	2	0.76
反向隐性知识溢出	4	0.72
基于研发资本维度的吸收能力	5	0.77
基于人力资本维度的吸收能力	9	0.81
基于社会资本维度的吸收能力	13	0.73
基于组织资本维度的吸收能力	8	0.72
企业创新绩效	7	0.84

资料来源：笔者根据调查问卷 SPSS 软件分析结果整理设计。

5.4.5 变量的描述性统计

反向显性知识溢出平均值为4.16，隐性反向知识溢出平均值为4.59，均超出了一般水平，表明我国跨国企业对发达国家逆向投资能够实现正的反向知识溢出效应。其中，反向隐性知识溢出实现水平远高于反向显性知识溢出。从吸收能力指标来看，基于研发资本维度的吸收能力指标平均值仅为3.72，略低于一般水平。这是因为，尽管我国跨国企业研发投入在国内大多处于领先水平，然而与国际同行业企业相比，大部分国内企业规模较小，而且多从事低附加值环节的工作，其微薄利润不足以支持持续的高强度研发投入。基于人力资本维度的吸收能力指标平均值为3.85，也低于一般水平。我国跨国企业的国际化仍处于摸索阶段，人力资本缺乏，尤其是具有国际化背景的技术和管理人才储备不足。基于组织资本维度的吸收能力指标平均值为3.26，在四个维度吸收能力指标平均值中排名最低。而基于社会资本维度的吸收能力指标平均值为4.59，在四个维度吸收能力指标平均值中排名最高，表明我国跨国企业与东道国企业和机构在相互信任的基础上建立了长期良好的合作关系。创新绩效平均值为4.35，表明我国跨国企业通过对外直接投资在一定程度上促进了创新绩效水平的提高（见表5-24）。

表5-24 变量的描述性统计

	样本数	平均数	最大值	最小值	标准差
KS	137	4.16	5.77	2.14	1.69
TS	137	4.79	6.25	2.75	0.73
RD	137	3.72	6.01	2.26	0.97
HUM	137	3.85	5.32	2.17	0.53
SC	137	4.59	6.61	3.48	0.58
OC	137	3.26	5.14	1.82	0.66
IN	137	4.35	6.2	1.6	1.08

资料来源：笔者根据调查问卷SPSS软件分析结果整理设计。

5.4.6 计量模型构建

（1）模型的构建

本节主要关注的是吸收能力在反向知识溢出影响企业创新绩效过程中

第5章 我国企业对外投资反向知识溢出效应实证研究

所发挥的调节作用。Baron 和 Kenny（1986）对调节变量和中介变量做出了比较分析。他们认为调节变量对自变量（预测变量）和因变量（标准变量）之间关系的强度和方向产生了影响。因此，本节在 Baron 和 Kenny 提出的调节变量模型基础之上，构建了相关计量模型。模型一和模型二主要验证我国跨国企业吸收能力的总体调节作用，而其他模型则分别检验各个维度的吸收能力的调节作用。在模型中，C_2、C_3、C_4、C_5 为各自变量估计系数，C_1 为常数项，KS、TS、AS、HUM、RD、SC、OC 和 SZ 分别代表反向显性知识溢出、反向隐性知识溢出、总体吸收能力、人力资本维度的吸收能力、研发资本维度的吸收能力、社会资本维度的吸收能力、组织资本维度的吸收能力和企业规模。

模型一：吸收能力、反向显性知识溢出与我国跨国企业创新绩效关系

$$IN = C_1 + C_2 KS + C_3 AS + C_4 AS \times KS + C_5 SZ$$

模型二：吸收能力、反向隐性知识溢出与我国跨国企业创新绩效关系

$$IN = C_1 + C_2 TS + C_3 AS + C_4 AS \times TS + C_5 SZ$$

模型三：基于人力资本维度的吸收能力、反向显性知识溢出与我国跨国企业创新绩效关系

$$IN = C_1 + C_2 KS + C_3 HUM + C_4 HUM \times KS + C_5 SZ$$

模型四：基于人力资本维度的吸收能力、反向隐性知识溢出与我国跨国企业创新绩效关系

$$IN = C_1 + C_2 TS + C_3 HUM + C_4 HUM \times TS + C_5 SZ$$

模型五：基于研发资本维度的吸收能力、反向显性知识溢出与我国跨国企业创新绩效关系

$$IN = C_1 + C_2 KS + C_3 RD + C_4 RD \times KS + C_5 SZ$$

模型六：基于研发资本维度的吸收能力、反向隐性知识溢出与我国跨国企业创新绩效关系

$$IN = C_1 + C_2 TS + C_3 RD + C_4 RD \times TS + C_5 SZ$$

模型七：基于社会资本维度的吸收能力、反向显性知识溢出与我国跨国企业创新绩效关系

$$IN = C_1 + C_2 KS + C_3 SC + C_4 SC \times KS + C_5 SZ$$

反向知识溢出与创新绩效

模型八：基于社会资本维度的吸收能力、反向隐性知识溢出与我国跨国企业创新绩效关系

$$IN = C_1 + C_2 TS + C_3 SC + C_4 SC \times TS + C_5 SZ$$

模型九：基于组织资本维度的吸收能力、反向显性知识溢出与我国跨国企业创新绩效关系

$$IN = C_1 + C_2 KS + C_3 OC + C_4 OC \times KS + C_5 SZ$$

模型十：基于组织资本维度的吸收能力、反向隐性知识溢出与我国跨国企业创新绩效关系

$$IN = C_1 + C_2 TS + C_3 OC + C_4 OC \times TS + C_5 SZ$$

（2）变量中心化处理

在计量模型中，引入了吸收能力各变量（AS、RD、HUM、OC和SC）与反向知识溢出变量（TS和KS）的交叉项，以检验吸收能力在反向知识溢出影响企业创新绩效过程中的调节作用，然而交叉项与各个单变量高度相关，导致了严重的共线性现象发生。为了解决这种问题，在以往的研究文献中采用了中心化处理的方法，即用变量减去自身的平均值。变量中心化的处理可以有效地解决交叉项与各单变量的共线性问题，并且不会改变与其他变量之间的关系。表5-25利用pearson相关系数对变量之间的相关性进行了检验，可以发现在对变量进行中心化处理后，各变量与交叉项的相关程度明显减弱。

表5-25 变量中心化处理

交叉项	相关性	
	原始数据	变量中心化
RD与RD×KS	0.57	0.11**
RD与RD×TS	0.86**	0.06**
KS与RD×KS	0.92**	0.16**
TS与RD×TS	0.79**	0.30**
HUM与HUM×KS	0.71	0.19*
HUM与HUM×TS	0.80	0.33**
KS与HUM×KS	0.58**	0.14*
TS与HUM×TS	0.91**	0.37**

续表

交叉项	相关性	
	原始数据	变量中心化
SC与SC×KS	0.68***	0.21**
SC与SC×TS	0.81	0.32**
KS与SC×KS	0.94	0.26***
TS与SC×TS	0.72**	0.33**
OC与OC×KS	0.63**	0.01
OC与OC×KS	0.39	0.20***
KS与OC×KS	0.41**	0.12
TS与OC×TS	0.86**	0.42***

注："*，**，***"分别表示在10%、5%和1%水平上显著。

资料来源：笔者根据调查问卷SPSS软件分析结果整理设计。

5.4.7 实证结果

本节利用SPSS17.0软件，对中心化处理后的变量进行回归分析，检验结果如下：

（1）模型一主要检验吸收能力在反向显性知识溢出对我国跨国企业创新绩效影响过程中所起到的调节作用。检验结果显示（见表5-26）：吸收能力AS及其与反向显性知识溢出的交叉项AS×KS系数分别为0.41和0.05，并在10%和1%水平上通过显著性检验，而其他自变量反向显性知识溢出KS和企业规模SZ的估计系数均未通过显著性检验。因此可以得出结论：假设一没有通过验证，而假设三却得到了验证。也就是说，反向显性知识溢出对企业创新绩效尚未产生直接影响，而我国跨国企业吸收能力在反向显性知识溢出对企业创新绩效影响过程中总体上起到了正向的调节作用。DW值为1.85，模型回归分析中不存在残差项自相关。

表5-26 模型一检验结果

变量	系数估计	t值	P值
KS	1.32	0.54	0.59
AS	0.41*	1.81	0.07

反向知识溢出与创新绩效

续表

变量	系数估计	t值	P值
AS×KS	0.05***	4.70	0.00
SZ	−0.62	1.52	0.13
常数项		0.60	0.54
DW值	1.85		
调整后R^2值	0.61		

注:"*,**,***"分别表示在10%、5%和1%水平上显著。

资料来源:笔者根据调查问卷SPSS软件分析结果整理设计。

模型二主要检验吸收能力在反向隐性知识溢出对我国跨国企业创新绩效影响过程中所起到的调节作用。检验结果显示(见表5-27):吸收能力AS及其与反向隐性知识溢出的交叉项AS×TS系数分别为0.27和0.14,并且在1%水平上通过显著性检验,而其他自变量反向隐性知识溢出TS和企业规模SZ均未通过显著性检验。因此可以得出结论:假设二没有通过验证,而假设四却得到了验证。也就是说,反向隐性知识溢出对企业创新绩效尚未产生直接影响,而我国跨国企业吸收能力在反向隐性知识溢出对企业创新绩效影响过程中总体上起到了正向的调节作用。DW值等于1.93,模型回归分析中不存在残差项自相关。

表5-27 模型二检验结果

变量	系数估计	t值	P值
TS	0.60	0.92	0.36
AS	0.27***	7.29	0.00
AS×TS	0.14***	4.62	0.00
SZ	−0.09	1.02	0.31
常数项		1.65	0.10
DW值	1.93		
调整后R^2值	0.57		

注:"*,**,***"分别表示在10%、5%和1%水平上显著。

资料来源:笔者根据调查问卷SPSS软件分析结果整理设计。

第5章 我国企业对外投资反向知识溢出效应实证研究

(2) 基于人力资本维度的吸收能力调节作用研究

模型三主要检验基于人力资本维度的吸收能力在反向显性知识溢出对我国跨国企业创新绩效影响过程中所起到的调节作用。检验结果显示（见表5-28）：自变量人力资本HUM系数估计值为0.57，并且在1%水平上通过显著性检验，而其他自变量反向显性知识溢出KS、企业规模SZ以及人力资本与反向显性知识溢出的交叉项HUM×KS系数均未通过显著性检验。因此可以得出结论：假设一和假设五均没有通过验证，也就是说，反向显性知识溢出对企业创新绩效尚未产生直接影响，而基于人力资本维度的吸收能力也没有起到相应的调节作用。DW值等于1.83，模型回归分析中不存在残差项自相关。

表5-28 模型三检验结果

变量	系数估计	t值	P值
KS	0.63	0.70	0.48
HUM	0.57***	9.14	0.00
HUM×KS	−0.02	−0.33	0.74
SZ	−0.25	0.71	0.46
常数项		2.63	0.03
DW值		1.83	
调整后R^2值		0.52	

注："*，**，***"分别表示在10%、5%和1%水平上显著。

资料来源：笔者根据调查问卷SPSS软件分析结果整理设计。

模型四主要检验基于人力资本维度的吸收能力在反向隐性知识溢出对我国跨国企业创新绩效影响过程中所起到的调节作用。检验结果显示（见表5-29）：自变量人力资本HUM及其与反向隐性知识溢出的交叉项HUM×TS系数估计值为0.41和0.07，并分别通过了1%和5%水平上的显著性检验，而其他自变量反向隐性知识溢出TS和企业规模SZ系数均未通过显著性检验。因此可以得出结论：假设二没有通过验证，而假设六却得到了验证，也就是说，反向隐性知识溢出对企业创新绩效尚未产生直接影响，而基于人力资本维度的吸收能力在反向隐性知识溢出对企业创新绩效

反向知识溢出与创新绩效

影响过程中起到了正向的调节作用。DW 值等于 1.95，模型回归分析中不存在残差项自相关。

表 5-29 模型四检验结果

变量	系数估计	t 值	P 值
TS	0.20	0.32	0.74
HUM	0.41***	6.75	0.00
HUM×TS	0.07**	2.09	0.04
SZ	−0.03	−0.78	0.43
常数项		0.66	0.51
DW 值	1.95		
调整后 R^2 值	0.56		

注："*，**，***"分别表示在 10%、5% 和 1% 水平上显著。

资料来源：笔者根据调查问卷 SPSS 软件分析结果整理设计。

(3) 基于研发资本维度的吸收能力调节作用研究

模型五主要检验基于研发资本维度的吸收能力在反向显性知识溢出对我国跨国企业创新绩效影响过程中所起到的调节作用。检验结果显示（见表 5-30）：自变量研发资本 RD 及其与反向显性知识溢出的交叉项 RD×KS 系数均能在 1% 水平上通过显著性检验，并且系数估计值分别为 0.55 和 0.07，而其他自变量反向显性知识溢出 KS 和企业规模 SZ 系数均未通过显著性检验。因此可以得出结论：假设一没有通过验证，而假设七却得到了验证，也就是，反向显性知识溢出对企业创新绩效尚未产生直接影响，而基于研发资本维度的吸收能力在反向显性知识溢出对企业创新绩效影响过程中起到了正向的调节作用。DW 值等于 1.87，模型回归分析中不存在残差项自相关。

表 5-30 模型五检验结果

变量	系数估计	t 值	P 值
KS	0.14	1.62	0.11
RD	0.55***	5.36	0.00
RD×KS	0.07***	7.08	0.00

续表

变量	系数估计	t 值	P 值
SZ	−0.12	−0.40	0.33
常数项		1.58	0.12
DW 值	1.87		
调整后 R^2 值	0.51		

注："*，**，***"分别表示在10%、5%和1%水平上显著。

资料来源：笔者根据调查问卷SPSS软件分析结果整理设计。

模型六主要检验基于研发资本维度的吸收能力在反向隐性知识溢出对我国跨国企业创新绩效影响过程中所起到的调节作用。检验结果显示（见表5-31）：自变量研发资本RD系数估计值为0.48，并通过了1%水平上的显著性检验，而其他自变量企业规模SZ、反向隐性知识溢出TS及其与研发资本的交叉项RD×TS系数均未通过显著性检验。因此可以得出结论：假设二和假设八没有通过验证，也就是说，反向隐性知识溢出对企业创新绩效尚未产生直接影响，而基于研发资本维度的吸收能力在反向隐性知识溢出也没有起到相应的调节作用。DW值等于1.96，模型回归分析中不存在残差项自相关。

表5-31 模型六检验结果

变量	系数估计	t 值	P 值
TS	0.42	1.39	0.17
RD	0.48***	4.96	0.00
RD×TS	0.05	0.61	0.54
SZ	−0.16	0.85	0.26
常数项		1.68	0.09
DW 值	1.96		
调整后 R^2 值	0.53		

注："*，**，***"分别表示在10%、5%和1%水平上显著。

资料来源：笔者根据调查问卷SPSS软件分析结果整理设计。

（4）基于社会资本维度的吸收能力调节作用研究

模型七主要检验基于社会资本维度的吸收能力在反向显性知识溢出对

反向知识溢出与创新绩效

我国跨国企业创新绩效影响过程中所起到的调节作用。检验结果显示（见表5-32）：自变量社会资本 SC 及其与反向显性知识溢出的交叉项 SC×KS 系数估计值为 0.79 和 0.03，并分别通过了 1% 和 5% 水平上的显著性检验，而其他自变量反向显性知识溢出 KS 和企业规模 SZ 均未通过显著性检验。因此可以得出结论：假设一没有通过验证，而假设九却得到了验证，也就是说，反向显性知识溢出对企业创新绩效尚未产生直接影响，而基于社会资本维度的吸收能力在反向显性知识溢出对企业创新绩效影响过程中起到了正向的调节作用。DW 值等于 1.93，模型回归分析中不存在残差项自相关。

表 5-32 模型七检验结果

变量	系数估计	t 值	P 值
KS	0.26	0.31	0.75
SC	0.79***	6.75	0.00
SC×KS	0.03**	2.08	0.04
SZ	−0.02	−0.78	0.43
常数项		0.65	0.51
DW 值		1.93	
调整后 R^2 值		0.54	

注："*，**，***"分别表示在 10%、5% 和 1% 水平上显著。

资料来源：笔者根据调查问卷 SPSS 软件分析结果整理设计。

模型八主要检验基于社会资本维度的吸收能力在反向隐性知识溢出对我国跨国企业创新绩效影响过程中所起到的调节作用。检验结果显示（见表5-33）：自变量社会资本及其与反向隐性知识溢出的交叉项 SC×TS 系数估计值为 0.48 和 0.13，并分别通过了 5% 和 1% 水平上的显著性检验，而其他自变量反向隐性知识溢出 TS 和企业规模 SZ 均未通过显著性检验。因此可以得出结论：假设二没有通过验证，而假设十却得到了验证，也就是说，反向隐性知识溢出对企业创新绩效尚未产生直接影响，而基于社会资本维度的吸收能力在反向隐性知识溢出对企业创新绩效影响过程中起到了正向的调节作用。DW 值等于 1.81，模型回归分析中不存在残差项自相关。

表 5-33　模型八检验结果

变量	系数估计	t 值	P 值
TS	0.01	0.07	0.94
SC	0.48**	2.05	0.04
SC×TS	0.13***	6.63	0.00
SZ	−0.06	0.65	0.51
常数项		0.18	0.85
DW 值	1.81		
调整后 R^2 值	0.52		

注："*，**，***"分别表示在10%、5%和1%水平上显著。

资料来源：笔者根据调查问卷 SPSS 软件分析结果整理设计。

（5）基于组织资本维度的吸收能力调节作用研究

模型九主要检验基于组织资本维度的吸收能力在反向显性知识溢出对我国跨国企业创新绩效影响过程中所起到的调节作用。检验结果显示（见表 5-34）：所有自变量包括反向显性知识溢出 KS、企业规模 SZ、组织资本 OC 及其与反向显性知识溢出的交叉项 OC×KS 在内的估计系数均没有通过显著性检验。因此可以得出结论：假设一和假设十一均没有通过验证，也就是说，反向显性知识溢出对企业创新绩效尚未产生直接影响，基于组织资本维度的吸收能力也没有起到相应的调节作用。DW 值等于1.86，模型回归分析中不存在残差项自相关。

表 5-34　模型九检验结果

变量	系数估计	t 值	P 值
KS	0.52	1.05	0.29
OC	0.14	1.26	0.21
OC×KS	0.09	0.87	0.39
SZ	−0.3	−1.15	0.25
常数项		1.41	0.16
DW 值	1.86		
调整后 R^2 值	0.52		

注："*，**，***"分别表示在10%、5%和1%水平上显著。

资料来源：笔者根据调查问卷 SPSS 软件分析结果整理设计。

反向知识溢出与创新绩效

模型十主要检验基于组织资本维度的吸收能力在反向隐性知识溢出对我国跨国企业创新绩效影响过程中所起到的调节作用。检验结果显示（见表 5-35）：自变量组织资本 OC 系数估计值为 0.22，通过了 1% 水平上的显著性检验，而其他自变量反向隐性知识溢出 TS、组织资本与反向隐性知识溢出的交叉项 OC×TS 和企业规模 SZ 均未通过显著性检验。因此可以得出结论：假设二和假设十二没有通过验证，也就是说，反向隐性知识溢出对企业创新绩效尚未产生直接影响，而基于组织资本维度的吸收能力也没有起到相应的调节作用。DW 值等于 1.91，模型回归分析中不存在残差项自相关。

表 5-35　模型十检验结果

变量	系数估计	t 值	P 值
TS	0.16	1.14	0.26
OC	0.22***	7.01	0.00
OC×TS	0.04	0.68	0.35
SZ	−0.08	−1.19	0.23
常数项		0.39	0.70
DW 值		1.91	
调整后 R^2 值		0.51	

注："*，**，***"分别表示在 10%、5% 和 1% 水平上显著。

资料来源：笔者根据调查问卷 SPSS 软件分析结果整理设计。

(6) 结果汇总

笔者对 137 个我国跨国企业进行了问卷调查实证研究，得出了以下结论（具体见表 5-36）：

表 5-36　检验结果总结

假设	内容	验证结果
假设一	反向显性知识溢出越大，我国跨国企业的创新绩效越好	未通过验证
假设二	反向隐性知识溢出越大，我国跨国企业的创新绩效越好	未通过验证
假设三	吸收能力在反向显性知识溢出和我国跨国企业创新绩效之间发挥了正向调节作用	已验证

第5章 我国企业对外投资反向知识溢出效应实证研究

续表

假设	内容	验证结果
假设四	吸收能力在反向隐性知识溢出和我国跨国企业创新绩效之间发挥了正向调节作用	已验证
假设五	基于人力资本维度的吸收能力在反向显性知识溢出和我国跨国企业创新绩效之间发挥了正向调节作用	未通过验证
假设六	基于人力资本维度的吸收能力在反向隐性知识溢出和我国跨国企业创新绩效之间发挥了正向调节作用	已验证
假设七	基于研发资本维度的吸收能力在反向显性知识溢出和我国跨国企业创新绩效之间发挥了正向调节作用	已验证
假设八	基于研发资本维度的吸收能力在反向隐性知识溢出和我国跨国企业创新绩效之间发挥了正向调节作用	未通过验证
假设九	基于社会资本维度的吸收能力在反向显性知识溢出和我国跨国企业创新绩效之间发挥了正向调节作用	已验证
假设十	基于社会资本维度的吸收能力在反向隐性知识溢出和我国跨国企业创新绩效之间发挥了正向调节作用	已验证
假设十一	基于组织资本维度的吸收能力在反向显性知识溢出和我国跨国企业创新绩效之间发挥了正向调节作用	未通过验证
假设十二	基于组织资本维度的吸收能力在反向隐性知识溢出和我国跨国企业创新绩效之间发挥了正向调节作用	未通过验证

资料来源：笔者根据调查问卷实证结果整理设计。

结论一：各模型中反向知识溢出（KS 和 TS）和控制变量企业规模（SZ）估计系数均未通过显著性检验。

结论二：总体上，我国跨国企业的吸收能力从两个方面对创新绩效产生了影响。一方面，企业吸收能力的增强直接促进了创新绩效的提高，另一方面，企业吸收能力又在反向知识溢出对创新绩效影响的过程中发挥了正向调节作用。比较吸收能力及其交叉项的估计系数，可以发现前者对创新绩效的影响程度要大于后者，也即是说吸收能力的直接作用远远强于其所发挥的调节作用。

结论三：吸收能力与反向显性知识溢出交叉项 AS×KS 的系数小于其

反向知识溢出与创新绩效

与反向隐性知识溢出交叉项 AS×TS 的系数。这表明，吸收能力在实现反向隐性知识溢出效应过程中发挥了更强的正向调节作用。

结论四：在模型三、五、七和九中，比较各模型中交叉项的估计系数大小，可以发现基于研发资本维度的吸收能力所起到的正向调节作用最大，基于社会资本维度的吸收能力所起到的正向调节作用次之，而基于人力资本维度和组织资本维度的吸收能力并没有发挥相应的调节作用。在模型四、六、八和十中，比较各模型中交叉项的估计系数大小，可以发现基于社会资本维度的吸收能力所起到的正向调节作用最大，基于人力资本维度的吸收能力次之，而基于组织资本维度和研发资本维度的吸收能力并没有起到相应的调节作用。

5.5 结果讨论

（1）我国跨国企业是否具有足够的吸收能力是实现反向知识溢出效应的前提条件。无论是反向显性知识溢出，还是反向隐性知识溢出，均不能直接对我国跨国企业创新绩效产生显著影响。反向知识溢出只有在企业具有充分的吸收能力的基础上，才能有效地获取、同化、转化和利用东道国外部知识，并通过知识的共享、整合和创造，促进我国跨国企业创新绩效的提升。

（2）在拥有一定的吸收能力的前提下，我国跨国企业实现反向隐性知识溢出更有利于企业创新绩效的提升。大量难以模仿的隐性知识构建了企业竞争优势的主要来源，而且其获取的难度更大，我国跨国企业应高度重视反向隐性知识溢出，通过各种渠道有效地获取东道国的外部隐性知识，并转化为企业的知识存量，在此基础上创造新知识。

（3）企业吸收能力对创新绩效的直接作用远远强于其起到的调节作用。这表明，我国跨国企业创新绩效的提高主要依赖于自身的创新努力，而受到吸收能力调节的反向知识溢出效应所起的作用较小，但其具有较大的发展空间。

第5章 我国企业对外投资反向知识溢出效应实证研究

（4）在反向隐性知识溢出和反向显性知识溢出影响企业创新的过程中，基于社会资本维度的吸收能力均扮演了重要角色。这表明，我国跨国企业实现反向知识溢出效应的关键是与东道国企业建立长期密切的联系机制。而且，相比反向显性知识溢出而言，增强社会资本维度的吸收能力更有利于我国跨国企业获取和利用反向隐性知识溢出。组织资本维度的吸收能力并不足以促进反向知识溢出的吸收和利用，这说明我国跨国企业的组织沟通机制、协调机制、薪酬制度和组织文化等方面有待进一步改善。而在反向知识溢出影响企业创新绩效过程中，人力资本和研发资本也不能完全发挥出正向的调节作用。只有当我国跨国企业人力资本和研发资本积累到一定程度后，跨越了相应的门槛，才能完全发挥出正向的调节作用；另外，本书所界定的隐性知识不仅包括产品技术知识，而且还包括管理和营销知识。研发投入主要有利于企业积累与产品技术有关的知识，但与管理和市场营销知识相关程度较弱。因此，基于研发资本维度的吸收能力对于反向隐性知识溢出没有起到显著的正向调节作用。

（5）企业规模对创新绩效的影响并不显著，其原因可能有以下几方面：第一，研发投入存在边际效益递减的规律；第二，人力资本结构不完善，缺乏高素质人才以及有效的激励和约束机制，无法发挥人力资本的规模效应；第三，尽管企业规模越大，接触的外部知识源越广泛，但反向知识溢出实现程度更依赖于我国跨国企业与东道国外部环境之间关系的强度和质量。

第6章 结论和政策建议

6.1 结论

我国企业对发达国家投资可以促进企业创新绩效的提升,作用机制包括研发成本分摊机制和反向知识溢出机制。其中,反向知识溢出机制起到了重要作用,而企业吸收能力又是反向溢出机制的关键影响因素。本书对137个我国跨国企业进行了问卷调查实证研究,结果发现:反向知识溢出不能直接对我国跨国企业创新绩效产生显著影响。我国跨国企业的吸收能力从两个方面对创新绩效产生了影响:一方面,企业吸收能力的增强直接促进了创新绩效的提高;另一方面,在反向知识溢出与创新绩效之间,企业吸收能力也发挥了正向的调节作用。此外,在反向显性知识溢出影响企业创新绩效过程中,基于研发资本维度和社会资本维度的吸收能力发挥了显著的正向调节作用,而在反向隐性知识溢出影响企业创新绩效过程中,基于社会资本维度和人力资本维度的吸收能力发挥了显著的正向调节作用;企业规模对创新绩效的影响并不显著。

6.2 政策建议

基于上述结论,笔者提出以下的政策建议。
(1) 积极引导重点产业对发达国家投资
目前,我国经济发展模式正在向以低污染、低排放为基础的"低碳经济"模式转型。为了实现产业结构优化和升级,我国政府部门应该积极引导新能源新材料、生物医药、电子信息等相关行业中的企业对发达国家投资,特别是鼓励这些行业中的龙头企业积极开展海外研发活动,通过独资或合资建立研发中心等方式,充分利用发达国家的研发资源,提高自身的技术创新能力。同时,我国政府部门也要提供相应的配套政策和措施。例如:制定税收优惠政策,拓宽企业的国内融资渠道,尤其是加强低息和无息贷款的发放和创新基金的支持,进一步放宽企业海外投资和使用外汇的限制,大力推动海外投资保险体系的建设,并为企业海外投资提供全方位的信息咨询服务。

(2) 加大企业重点业务研发投入

尽管我国跨国企业研发活动的规模和层次正在稳步提升,但与同行业中发达国家企业相比,在相当长的一段时间内仍处于劣势。因此,我国跨国企业可以采取两方面措施来解决这个问题:一是增加我国跨国企业研发投入总量,二是更有效地利用现有的研发资源。国内市场的饱和、原材料和劳动力成本的上涨,进一步压缩了企业微薄的利润空间,难以分摊巨额的研发费用,使得采取成本领先战略的我国部分企业处境日益艰难。而与之相反,产品差异化战略有利于企业增加单位产品利润,扩大企业积累,提高研发支出占销售额的比重。政府机构的资助和金融部门的贷款只能部分解决研发投入不足的问题,而且这样的融资方式也不具有可持续性。因此,如何利用有限的资源,进行合理的配置,已成为我国跨国企业急需解决的问题。大部分我国跨国企业主要将资源投入到产品技术的应用层面和外观设计,其目标在于快速和准确地响应当地客户的需求,而不在于基础技术的进步。这些企业通常选择东道国产业链薄弱的环节进行突破以占领局部市场,但由于无法取代一流品牌在主流市场上的地位,有被边缘化的危险。因此,我国跨国企业可以选择适用于主流市场的产品技术进行应用开发,并与行业中领先企业通过一揽子协议实现技术共享,或者资助发达国家创新型小企业的研发活动,以获得先进的技术,并在此基础上进行更高层次的技术创新,尤其是前瞻性技术的研究和开发,从而缩小技术差

反向知识溢出与创新绩效

距,实现技术追赶。需要注意的是,我国企业在技术引进与合作开发过程中技术选择非常重要。从产品阶段来看,处于产品导入后期和成长期的产品技术不确定性较小,可以有效地避免早期巨大的技术和资金投入风险。从产品技术的成长空间来看,在成熟的技术领域,少数发达国家企业掌握了核心技术,通过几十年的研发积累,形成了多重专有技术壁垒,技术进一步创新的空间较小,而在新材料和新能源等新兴技术领域中,国内外技术差距不大,并且有国家政策扶持,这是我国跨国企业需要重点关注的领域。

(3) 优化人力资本结构

我国跨国企业通常实施分阶段的渐进式海外扩张。在此过程中,可以有意识选取有发展潜力的员工和管理者逐步参与到国际经营活动中,积累经验。同时,我国跨国企业可以在海外子公司和母公司之间开展员工工作轮换活动,或者请求合作伙伴对企业内部员工进行指导和培训等。这种依赖于企业自身培养而获得的国际化人才,不存在组织不适应症,但见效慢,需要长期经验积累,很难满足企业快速海外扩张所产生的人才需求。国际化人才的引进是我国企业解决相关人才缺乏的另一条途径。但这种方式一般会遇到"空降"人才与原有企业的观念和文化冲突的问题,而且磨合期较长。因此,要根据企业各个发展阶段的特点以及不同岗位和业务领域的要求,来选择企业自己培养还是引进国际化人才。此外,作为企业的核心骨干力量,我国跨国企业的高层管理者是否具有开阔的国际视野、出色的国际经营能力、高超的领导能力、高层次的创造性能力以及对未来市场机会敏锐的洞察力,从整体上决定了企业海外投资的成败,进而影响了实现反向知识溢出的效果。因此,有必要引入具有跨国企业或者海外工作背景、行业经验丰富,并且认同企业文化和发展理念的职业经理人。实施海外子公司员工本土化策略,一方面,可以减少企业海外扩张的风险,特别是保证并购过程中被收购东道国企业的稳定,避免核心员工和客户的流失,延续原有的品牌和业务流程;另一方面,当地员工在社会交流中不存在语言障碍,熟悉东道国的社会文化、法律法规和政策制度。我国跨国企

第6章 结论和政策建议

业可以利用当地员工个人的关系网络,增强与外部的联系,更深入和更大范围内获取东道国外部知识。值得注意的是,受到美国金融危机爆发的影响,一些发达国家企业经营困境,亏损严重,这为我国跨国企业提供了大量招募东道国高素质人才的机会。

(4) 建立与东道国企业和机构长期联系机制

我国跨国企业以新建和并购等投资方式,嵌入到东道国的社会网络中,并通过业务联系,与东道国供应商、客户、分销商、咨询服务公司和政府部门等企业和机构开展多层次、多方位的交流和互动,同时也设计激励制度鼓励海外员工通过个人关系与外界保持紧密联系,从而扩大反向知识溢出来源,拓宽反向知识溢出渠道。从横向联系机制来看,除了在发达国家创新活动集中地点设立研发(设计)中心或信息监听中心之外,我国跨国企业还可以利用当地的第三方研发服务机构,将部分技术研发活动外包,或者以投资参股或项目资金支持等多种形式与东道国创新型中小企业建立密切联系,寻求极具成长空间的新产品创意和技术,也可以与当地技术领先企业建立战略联盟,建立联合实验室,共同研发最新产品,然而其前提条件是我国跨国企业自身首先要具有一定的技术水平,才能与行业领先企业对等地进行技术交换和开发。医药行业与其他行业不同,该行业受到国家相关部门的严格监管和控制,如新药报批还需大量的临床试验进行检验,审批周期较长。因此,我国医药企业在新药研发和报批过程中还需与发达国家相关药品监管部门和医疗机构保持良好的关系。从纵向联系机制来看,我国跨国企业可以利用"反向OEM"模式,实现反向知识溢出效应。首先,在国内建立生产基地,为国外客户贴牌生产;然后,当企业资金和技术积累到一定程度,开始反向收购国外客户资产,并将其生产环节转移至国内;再就是利用被收购企业的品牌、原有的主流市场客户关系和销售渠道扩大海外市场份额。其中,最为重要的是,企业通过收购发达国家企业,获得先进的技术知识,而且可以充分利用被收购企业已有的业务联系,提高在东道国社会网络嵌入的强度和广度,获取反向知识溢出,从而实现向产业链高附加值环节的攀升。此外,我国跨国企业承担更多东道国的社会责任,与当地政府部门、企业工会组织和社区建立良好的关系,也有利于更深层次地融入当地的社会网络中。

(5) 积极开展组织机制创新和塑造开放型企业文化

我国跨国企业需要建立有效的内部知识管理制度,规范和标准化知识的储存、处理、转移和保密制度,尤其是加强隐性知识在企业内部所经历的社会化、外在化、整合和内部化整个过程的管理。同时,引入信息管理系统,在企业各个部门之间、母公司与海外子公司之间以及海外子公司之间建立知识共享机制,促进知识在企业内部的转移、整合和再创造,特别是提高海外子公司与母公司之间知识逆向转移的效率。我国跨国企业还需建立完善的人力资源管理制度,通过奖励措施和培训激励员工开展组织学习,增强获取外部知识的意愿,并提高企业内部知识共享和整合的程度。同时,合理确定企业员工薪酬制度,特别重视对外籍员工绩效考核体系的建立。此外,推动英语成为企业内部通用语,并建立创新开放的企业文化,员工拥有更大的自主权和决策权,在企业内部积极开展团队合作,鼓励创新,容忍失败,这对于获取外部知识也相当重要。

6.3　研究展望

笔者进一步提出对未来研究的展望:

影响对外直接投资反向知识溢出的因素非常复杂,本书主要基于组织层面,仅从吸收能力的角度考察反向知识溢出对企业创新绩效的影响。然而,其他影响因素,包括投资方式、技术差距、文化和心理距离,跨单位的同质性(发送者和接受者)、产业和东道国的异质性、投资控股程度、企业相对规模、制度框架、知识产权保护、基础设施建设、市场竞争程度、投资政策和汇率波动等,都会在一定程度上对反向知识溢出效应产生直接或间接的影响,因此有必要在未来研究中将这些因素纳入到模型中进行实证研究。

第6章 结论和政策建议

我国企业对外投资可以通过多种作用机制实现反向知识溢出效应。然而，由于篇幅所限，本书实证研究并没有涉及相关内容。因此，在未来研究中，可以从组织层面深入地比较分析这些作用机制产生的效果，以及是否存在滞后效应和行业差异，为企业制订有针对性的海外投资策略提供可行的方案建议。

相比中国企业而言，一些发展中国家在特定的产业领域具有一定的技术优势，如印度软件产业。我国企业对这些发展中国家投资也可能存在反向知识溢出效应，而不仅仅局限于发达国家。这值得我们进一步去研究。

参考文献

[1] ABRAMOVITZ, M. Catching Up, Forging Ahead, and Falling. Behind [J]. Journal of Economic History, 1986 (2): 385-406.

[2] ABDELKADER DAGHFOUS. Absorptive Capacity and the Implementation of Knowledge-Intensive Best Practices [J]. SAM Advanced Management Journal, 2004, 69 (2):21-27.

[3] ACS, ZOLTAN J. ANSELIN, LUCVARGA, ATTILA. Patents and Innovationcounts as Measures of Regional Production of New Knowledge [J]. Research Policy, 2002 (7):1069-1085.

[4] ADLER. H. Absorptive Capacity: The Concept and Its Determinants [M]. Brookings Institution, Washington, 1965.

[5] AHUJA, G. KATILA, R. Technological Acquisitions and the Innovation Performanc-e of Aacquiring Firms: a Longitudinal Study [J]. Strategic Management Journal, 2001 (3):197-220.

[6] AGRAWAL, AJAY. Innovation. Growth Theory and the Role of Knowledge Spill-over [J]. Innovation Analysis Bulletin, 2002 (3): 3-6.

[7] ALETAN S. The Components of a Successful CIM Implementation [J]. Industrial Engineering,1991 (11): 2-22.

[8] ALMEIDA, PAUL. Knowledge Sourcing by Foreign Direct Multinationals: Patent Citation Analysis in the Unitied States Semiconductor Industry [J]. Strategic Management Journal, 1996 (17): 155-165.

[9] ANAND, J. and KOGUT, B. Technological Capabilities of Countries, Firm Rival and Foreign Direct Investment [J]. Journal of International Business Studies, 1997 (3): 445-465.

[10] ANDREA FOSFURI, JOSEP A. TRIBO. Exploring the Antecedents of PotentialAbsorptive Capacity and its Impact on Innovation Performance [J]. Omega, 2008, 36 (2):173-187.

[11] ARORA A, GAMBARDELLA A. EVALUATING. Technological Information andUtilizing it: Scientific Knowledge, Technological Capability, and External Linka-ges in Biot-echnology [J]. Journal of Economic Behaviorand Organization, 1994 (1): 91-114.

[12] ARBUSSA, ANNA, COENDERS, GERMA. Innovation Activities, Use of Aappropriation Instruments and Absorptive Capacity: Evidence from Spanish Firms [J]. Research Policy, 2007 (10): 1545-1558.

[13] AYAS, K. Design for Learning and Innovation [J]. Long Range Planning, 1996 (6):898-901.

[14] BUCKLEY, P. J. and CASSON, M. The Future of the Multinational Enterprise [M]. London: Macmillan, 1976.

[15] BALTHELT H, MALMBERG A, MASKELL P. Clusters and Knowledge Progress in Creation [J]. Human Geography, 2004 (1): 31-56.

[16] BATHELT, MALMBERG A, MASKELL P. Clusters and Knowledge Local Buzz, Global Pipelines and Process of Knowledge Creation [J]. Progress in Human Geography, 2004 (1): 31-35.

[17] BESSANT, J. Towards Total Integrated Manufacturing [J]. International Journal ofProductions Economics, 1994 (3): 237-251.

[18] BERTRAND, O. and ZUNIGA, P. R&D and M&A: Are Cross-border M&A Differe-nt? An Investigation on OECD Countries. International Journal of Industrial Organization, 2006 (2): 401-423.

[19] BJORVAN, KJETIL and ECKEL, CARSTEN. Technology Sourcing and Strategic Foreign Direct Investment. Review of International Economics. 2006 (4): 600-614.

[20] BONACCORSI A., LIPPARINI A. Strategic Partnerships in New Product Devel-opment: an Italian Case Study [J]. Journal of Product Innovation Management, 2011 (2): 134-145.

[21] BOER, H., HILL, M., Krabbendam, K. FMS Implementation Management: Promise and Performance [J]. International Journal of Operations and Production Manage-ment, 1990 (1): 5-20.

[22] BORENSZTEIN, EDUARDO, OSTRY, JONATHAN D. Accounting for China's Growth Per-

formance [J]. American Economic Review, 1996 (2): 224-228.

[23] BORJE JOHANSSON and HANS LOOF. Global Location Patterns of R&D Investment [EB/OL]. http://www.infra.kth.se/cesis/documents/WP60.pdf. 2006.

[24] BOYNTON, A. C., ZMUD, R. W., JACOBS, G. C. The Influence of IT Management Practice on IT Use in Large Organizations [J]. MIS Quarterly, 1994 (3), 299-320.

[25] BOER, H., HILL, M., KRABBENDAM, K. FM. Simple Mentation Management: Promise an Performance [J]. International Journal of Operations and ProductionManagement, 1990 (1): 5-20.

[26] BRACONIER, H., K. EKHOLM, and K. H. M. KNARBIK. In Search of FDI transmitted R&D spillovers: A Study Based on Swedish Data [J]. Review of World Economics, 2001 (4): 644-665.

[27] BRANSTETTER, L. Is Foreign Direct Investments a Channel of Knowledge Spillovers? Evidence from Japan's FDI in the United States [N]. NBER Working Paper No. 8015, 2000.

[28] BRAINARD, S. An Empirical Assessment of the Proximity Concentration Trade-off between Multinational Sales and Trade [J]. American Economic Review, 1997 (4): 520-544.

[29] BRANSTETTER L. Is Foreign Investment a Channel of Knowledge Sillovers? Evidence from Japan's FDI in the United States [A]. NBER Working Paper, 2006.

[30] BRACONIER, H., K. EKHOLM. Foreign Direct Investment in Eastern and Central Europe: Employment Effects in the EU [DB/OL]. http://ideas.repec.org/p/cpr/ceprdp/3052.html. 2002.

[31] BRENSZTEIN, E. and J., GREGORI and LEE, J W. How Does Foreign Direct Investm-ent Affect Economic Growth? [J]. Journal of International Economics, 1998, 45 (1): 115-135.

[32] BROWN, S. L., EISENHARDT, K. M. Product Development: Past Research, PresentFindings, and Future Directions [J]. Academy of Management Review, 1995, 20 (2): 343-378.

[33] BRUCE E. HANSEN. Threshold Effects in Nondynamic panels: Estimation, Testingand Inference [J]. Journal of Econometrics, 1999, 93 (2): 345-368.

[34] BRUNO VAN POTTELSBERGHE DE LA POTTERIE, FRANK LICHTENBERG. Does Foreign Direct Investment Transfer Technology across Borders? [J]. The Review

of Economics and Statistics, 2001, 83 (3): 490-497.

[35] CANTwelll, John. Technological Innovationand Multinational Corporations [EB/OL]. Basil Blackwell, Oxford, U. K. http://team.univparis1.fr/teamperso/sponcet/Perso/Chapter_FDI_PONCET_dec2009.pdf.

[36] CANTWELLl, John. The globalization of technology: What Remains of the Product Cycle [J]. Cambridge Journal of Economics, 1995 (19): 155-174.

[37] CANTWELL, JOHN, ODILE JANNE. Technological Globalization and Innovation Centers: The Role of Corporate Technological Leadership and Locational Hierarchy [J]. Research Policy, 1999, 28 (3): 119-144.

[38] CANTWELL, JOHN A. and Dunning, John H. and Jame Odile E. M. Towards A Technology-seeking Explanation of U. S. Direct Investment in the United Kingdom [J]. Journal of International Management, 2004, 10 (1): 5-20.

[39] CARTER, ANNE P. Know how Trading as Economic Exchange [J]. Research Policy, 1999, 18 (3): 155-163.

[40] CALOGHIROU Y, KASTELLI I, TSAKANIKAS A. Internal Capabilities and External Knowledge Sources: Complements or Substitutes for Innovative Performance? [J]. Technovation, 2004, 24 (1): 29-39.

[41] CHRISTIAN LE BAS. The Determinants of Home-base-augmenting and Home baseexploiting R&D Activities: Some New Results on Multinationals' Locat-ional Strategies [J]. DIME workshop Juanles-Pins, 2007.

[42] CAMISON C. On How to Measure Managerial and Organizational Capabilities: Multi-item Models for Measuring Distinctive Competences [J]. Management Research, 2005, 3 (1): 27-48.

[43] CANIELS, M. J. Knowledge Spillovers and Economic Growth: Regional Growth Diffentials Across Europe [M]. Edward Elgar, Cheltenham, 2000.

[44] CASSIMAN and VEUGELERS. Cooperation and Spillovers Empirical Evidence From Belgium [J]. American Economic Review, 2002, 92 (4): 1169-1184.

[45] CARTER A. P. Know how Trading as Economic Exchange [J]. Research Policy, 1989, 18 (3): 155-163.

[46] CASSIMAN B, Veugelers R. In Search of Complementarity in the Innovation Strategy: Internal R&D and External Knowledge Acquisition [J]. Management Science, 2006, 52 (1): 68-82.

[47] CAVES, RICHARD E. Research on International Business: Problems and Prospect [J]. The Journal of International Business, 1998, 29 (1): 5-19.

[48] CHEN, I J, SMALL, M H. Implementing Advanced Manufactuing Technology: an Integrated Planning Model [J]. OMEGA, 1994, 22 (1): 91-103.

[49] CHEUNG G. Testing Equivalence in the Structure, Means, and Variances of Higher Order Constructs with Structural Equation Modelling [J]. Organization Research Methods, 2008, 11 (3): 593-613.

[50] CHANG, SEA-JIN. International Expansion Strategy of Japanese Firms: Capability Building through Sequential Entry [J]. Academy of Management Journal, 1995 (38): 383-407.

[51] CHEN, HOMIN, TAIN-JY CHEN. Network Linkage and Location Choice in Foreign Direct Investment [J]. Journal of International Business Studies, 1998, 29 (3): 445-467.

[52] CHUNG, W., ALCACER, J. Knowledge-Seeking and Location Choices of Foreign Direct Investment in the United States [J]. Management Science, 2002, 48 (12): 1534-1554.

[53] CHUNG, W., YEAPLE, S. International Knowledge Sourcing: Evidence from US Firms Expanding Abroad [J]. Strategic Management Journal, 2008 (29): 1207-1224.

[54] CLARK, K. B. Project Scope and Project Performance: the Effect of Parts Strategy and Supplier Involvement on Product Development [J]. Management Science, 1989, 35 (10): 1247-1263.

[55] CLARK, K. B., FUJIUMOTO, T. Product Development Performance [M]. Boston: Harvard Business School Press, 1991.

[56] COCKBURN, I. M., HENDERSON, R. M. Absorptive Capacity, coauthoring Behavior, and the Organization of Research in Drug Discovery [J]. Journal of Industrial Economics, 1998, 46 (2): 157-183.

[57] COE. D. and HELPMAN E. International R&D Spillovers [J]. European Economic Review, 1995, 39 (5): 859-887.

[58] COE. D., HELPMAN, E. and HOFFMAISTER. North-South R&D Spillovers [J]. Economic Journal, 1997, 107: 134-149.

[59] COHEN, W. M., LEVINTHAL, D. A. Innovation and Learning: The Two Faces of

R&D [J]. The Economic Journal, 1989, (99): 569-596.

[60] COHEN, W. M., LEVINTHAL, D. A. Absorptive Capacity: a New Perspective on Learning and Innovation [J]. Administrative Science Quarterly, 1990, 35 (1): 128-152.

[61] COHEN, W. M., LEVINTHAL, D. A. Fortune Favors the Prepared Firm [J]. Management Science, 1994, 40 (2): 227-251.

[62] COLEMAN, J. Social Capital in the Creation of Human Capital [J]. American Journal of Sociology (Supplement), 1988, 94 (3): 502-534.

[63] DAS, SANGHAMITRALl. Externalities and Technology Transfer through MNCs [J]. Journal of International Economics, 1987, 22 (2): 171-182.

[64] DEEDS, D. L., HILL, C. W. L. Strategic Alliances and the Rate of New Product Development: an Empirical Study of Entrepreneurial Biotechnology Firms [J]. Journal of Business Venturing, 1996, 11 (1): 41-55.

[65] DESOMBE M. The Good Research Guide of Small-scale Social Research Project [M]. Philadelphia: Open University Press, 1998.

[66] DODGSON, M. Organizational Learning: A Review of Some Literature [J]. Organization Studies, 1993, 14 (3): 375-394.

[67] DIMITRIS MANOLOPOULOS, Marina Papanastassiou, Robert Pearcece. Technology sourcing in Multinational Enterprises and the Roles of Subsidiaries: An Empirical Investigation [J]. International Business Review, 2005 (14): 249-267.

[68] DAMIEN J. NEVEN and GEORGES SIOTIS. Technology Sourcing and FDI in the EC: An Empirical Evaluation [J]. International Journal of Industrial Organization, 1996, 14 (5): 543-560.

[69] DILLMAN DA. Mail and Internet Surveys: the Tailored Design Method [M]. New York: John Wiley & Sons, 2000.

[70] DYER JH, SINGH H. The Relational View: Cooperative Strategy and Sources of Interorganizational Competitive Advantage [J]. Academic Management Revie-w, 1998, 23 (4): 660-679.

[71] ETHIER, W. National and International Returns to Scale in the Modern Theory of Internatonal Trade [J]. American Economic Review, 1982, 72 (3): 389-405.

[72] FALLAH, H., IBRAHIM, S. Innovation and Dynamics of Knowledge Creation. Paper Presented at the 4th International Conference on Knowledge, Culture and Organ-

isational Change, University of Greenwich, London, August, 2004.

[73] FEENSTRA, R. Trade and Uneven Growth [J]. Journal of Development Economics, 1996, 49 (1): 229-256.

[74] FOSFURI, A. and MOTTA, M. Multinational without Advantages [J]. Scandinavian Journal of Economics, 1999, 101 (4): 617-630.

[75] FOSFURI, A., MOTTA, M., RONDE, THOOMAS. Foreign Direct Investment and Spillovers through Workers'Mobility [J]. Journal of International Ecomomics, 2001, 53 (1): 205-222.

[76] FOSFURIi, A. and MOTTA, M. and T., ROND, FALLAL, M. H. And IBRAHIM, S. Knowledge Spillover And Innovation In Technological Clusters [J]. Applied Economics, 2001, 35 (15): 1667-1678.

[77] FOSFURIi A, TRIBO J A. Exploring the Antecedents of Potential Absorptive Capacity and its Impact on Innovation Performance [J]. Omega, 2008 (36): 173-187.

[78] FICHMAN, R., KEMERER, C. The Illusory Diffusion of Innovation: An Examinati-on of Assimilation Gaps [J]. Information Systems Research, 1999, 10: 255-275.

[79] FINN, R. H. Effects of Some Variations in Rating Scale Characteristics on the Means and Reliabilities of Ratings [J]. Journal of Educational and Sychological Measurement, 1972 (32): 255-265.

[80] FRAMBACH, R. T., Schillewaert, N. Organizational Innovation Adoption: A Multilevel Framework of Determinants and Opportunities for Future Research [J]. Journal of Business Research, 2002, 55: 163-176.

[81] FIOL, C. M., LULES, M. A. Organizational Learning [J]. Academy of Management Review, 1985, 10 (4): 803-813.

[82] FIOL, C. M. Squeezing Harder Doesn't Always Work: Continuing the Search for Consistency in Innovation Research [J]. Academy of Management Review, 1996, 21 (4): 1012-1021.

[83] FORD D. Trust and Knowledge Management: The Key to Success [A]. Centre for Knowledge-based Enterprises, Working Paper, 2001.

[84] GLOBERMAN, STEVEN and KOKKO, ARI and SJOHOLM, F. FREDRIK. International Technology Diffusion Evidence from Swedish Patent Data [J]. Kyklos, 2000, 53 (1):17-38.

[85] GEORGE NORMAN, LYNNE PEPALL. Knowledge Spillovers, Mergers and Public

Policy in Economic Clusters, Discussion Papers Series, Department of Economics, Tufts University 0215, Department of Economics, Tufts University, 2002.

[86] GRILICHES, ZVI. Issues in Assessing the Contribution of R&D to Productivity Growth [J]. Bell Journal of Economics, 1979 (10): 92-116.

[87] GRILICHES. ZVI. Patent Statistics as Economic Indicators: A Survey [J]. Journal of Economic Literature, 1990 (28): 1661-1707.

[88] GRILICHES ZVI. The Search for R&D Spillover [J]. Scandinavian Journal of Economics, 1992 (94): 29-47.

[89] GRILICHES Z., R&D and Productivity: The Econometric Evidence [M]. Chicago: The University of Chicago Press, 1998: 382.

[90] GRADWELL, T. Outsourcing Knowledge Creation: Don't Give the Game a Way [J]. Specialty Chemicals, 2003, 23 (8): 24-32.

[91] G. COLIN. Absorptive Capacity, Knowledge Management and Innovationin Entre-preneurial Small Firms [J]. International Journal of Entrepreneurial Behaviour & Research, 2006, 12 (6): 345-360.

[92] GIRMA, S. Technology Transfer from Acquisition FDI and the Absorptive Capacity of Domestic Firms: an Empirical Investigation [J]. Open Economics Review, 2005, 16 (2):175-187.

[93] GEORGE G, ZAHRA SA, WHEATLEY K, KHAN R. The Effects of Alliance Portfolio Characteristics and Absorptive Capacity on Performance: a Study of Biotechnology Firms. The Journal of High Technology Management Research, 2001, 12 (2): 205-226.

[94] GREGORY N. STOCK, NOEL P. GREISB, WILLIAM A. FISCHER. Absorptive Capacity and New Product Development [J]. Journal of High Technology Management Research, 2001, 12: 77-91.

[95] GOLDHAR, J. D, LEI, D. Organizing and Managing the CIM/FMS Firm for Maximum Competitive Advantage [J]. International Journal of Technology Managem -ent, 1994, 19 (5): 709-732.

[96] GERTLER M S. Best Practice Geography, Learning and the Institutional Limits to Strong Convergence [J]. Journal of Economic Geogrophy, 2001, 71 (1): 1-26.

[97] GERTLER M S. Tacit Knowledge and the Economic Geography of Context [J]. Journal of Economic Geogrophy, 2003, 3 (1): 75-79.

反向知识溢出与创新绩效

[98] GERGANA TODOROVA and BORIS DURISIN. Absorptive Capacity: Valuinga Reeonee PtualiZation [J]. The Aeademy of Management Review, 2007, 32 (3): 774-786.

[99] GRIFFITH, R. STEPHEN REDDING, JOHN VAN REENEN. R&D and Absorptive Capacity: Theory and Empirical Evidence [J]. The Scandinavian Journal of Economics, 2003, 105 (1): 99-118.

[100] GROSSMAN, G. and HELPMAN E. Comparative Advantage and Long-Run Growth [J]. American Economic Review, 1990, 80 (4): 796-815.

[101] GROSSMAN, G. and HELPMAN E. Innovation and Growth in the Global Economy [M]. The MIT Press: Cambridge, 1991.

[102] GUILFORD, J. P. & FRUCHTER, B. Fundamental Statistic in Psychology and Education. Singapore: McGraw Hill, Inc, 1987.

[103] GWANGHOON LEE. The Effectiveness of International Knowledge Spillover Channels [J]. European Economic Review, 2006, (50): 2075-2088.

[104] HAIR J, ANDERSSON R, TATHAM R, BLACK W. Multivariate Data Analysis [M]. Omewood: Prentice Hall, 1998.

[105] HAYTON J, ZAHRA S. Venture Team Human Capital and Absorptive Capacity in High Technology New ventures. International Jounal Technology Manageme-nt, 2005, 31 (4): 256-274.

[106] HYMER, S. The International Operation of National Firms: A Study of Foreign Direct Investment [M]. Cambridge, Mass. : MIT Press, 1976.

[107] HARTLEY, J. L. ,MEREDITH, J. R. , Mcutcheon, D. , Kamath, R. Suppliers' contributions to Product Development: An Exploratory Survey [J]. IEEE Transactions on Engineering Management, 1997, 44 (3): 258-267.

[108] HANNAH K. KNUDSEN, PAUL M. ROMAN. Modeling the Use of Innovatio-ns in Private Treatment Organizations: The Role of Absorptive Capacity [J]. Journal of Substance Abuse Treatment, 2004 (26): 51-59.

[109] HARVEY, M. , PALMER, J. , SPEIER, C. Implementing Intra-organizational learning: A Phasedmodel Approach Ssupported by Intranet Technology [J]. European Management Journal, 1998, 16 (3): 341-354.

[110] HELFAT, C. E. Know-How and Asset Complementarity and Dynamic Capability Accumulation: The Case of R&D [J]. Strategic Management Journal, 1997,

18 (5): 339-60.

[111] HENRIK Braconier, Karolina Ekholm, Karen Knarvik. In Search of FDI transmitted R&D Spillovers: A Study Based on Swedish Data [J]. Weltwirtschaft-liches Archiv, 2001, 137 (4): 644-665.

[112] HEAD, C. KEITH, RIES, JOHN C. and SWENSON, DEBORAH L. Attracting Foreign Manufacturing: Investment promotion and agglomeration [J]. Regional Science and Urban Economics, 1999, 29 (2): 197-218.

[113] HE ZL, WONG PK. Exploration vs. Exploitation: an Empirical Test of the Ambi-dexterity hypothesis [J]. Organization Science, 2004, 15 (4): 481-494.

[114] HEAD, C. KEITH, RIRE, JOHN C, Offshore Production and Skill Upgrading by Japanese Firms [J]. Journal of International Economics, 2002, 58 (1): 81-105.

[115] HOOLEY GJ, GREENLEY GE, CADOGAN JW, FAHY J. The Performance Impact of Marketing Resources [J]. Jounal of Business Research, 2005, 58 (1): 18-27.

[116] HOLLENSTEIN. A Composite Indicator of a Firm's Innovativeness : An Emperical Analysis Based on Survey Data for Swiss Manufacturing [J]. Res-arch Policy, 1997, 25: 663-645.

[117] HOBDAY, M. East Asian latecomer firms: Learning the Technology of Electroni-cs [J]. World Development, 1995, 23 (7): 1171-1193.

[118] HENRIK BRACONIER, KAROLINA EKHOLM, Karen Helene Midelfart Knar-vi. Does FDI Work as a Channel for R&D Spillovers? Evidence Based on SwedishData [DB/OL]. http://www.ifn.se/Wfiles/wp/WP553.pdf. 2001.

[119] IVARSSON, INGE and THOMMY JONSSON. Local Technological Competenceand Asset Seeking FDI: An Empirical Study of Manufacturing and WholesaleAffiliates in Sweden [J]. International Business Review, 2003 (12): 369-386.

[120] IKUJIRO NONAKA. The Knowledge-Creating Company [J]. Harvard Business Review, 1991 (2): 11-12.

[121] JORESKOG KG. A General Approach to Confirmatory Maximum Likelihood Factor Analysis [J]. Psychometrica, 1969 (34): 183-202.

[122] JONES, G. K., LANCTOT Jr., A., TEEGEN, H. J. Determinants and Performance Impacts of External Technology Acquisition. Journal of Business Venturing, 2001, 16 (3), 255-283.

反向知识溢出与创新绩效

[123] JAY BARNEY. Firm Resources and Sustained Competitive Advantage [J]. Journal of Management, 1991, 17 (1): 99-120.

[124] JAY PRAKASH PRADHAN, NEELAM SINGH. Outward FDI and Knowledge Flows: A Study of the Indian Automotive Sector [J]. Internatioanl Journal of Institutions and Economics, 2009, 1 (1): 156-187.

[125] JAIDEEP ANAND and BRUCE KOGUT. Technological Capabilities of Countries, FirmRivalry and Foreign Direct Investment [J]. Journal of International Business Studies, 1997, 28 (3): 445-465.

[126] JOHN A. CANTWELL, JOHN H. DUNNING, Odile E. M. Janne Outward FDI and Knowledge Flows: A Study of the Indian Automotive Sector [J]. International Journal of Institutions and Economies, 2009, 1 (1): 156-187.

[127] JONES, O. and M. CRAVEN. Absorptive Capacity and New Organisational Capabilities: A TCS Case Study [A]. Manchester Metropolitan University Business School Working Paper Series No. 01/02, 2001.

[128] JOHN H. DUNNING. Trade, Location of Economic Activity and the Multinational Enterprise: A Search for an Eclectic Approach. University of Reading Discussion Papers in International Investment and Business studies, 1976. In Ohlin, B. (ed.)

[129] JOHN H. DUNNING. Multinational Enterprises and the Global Economy [M]. Wokingham, England and Reading, Mass: Addison Wasley, 1993.

[130] JOHN DUNNING. Reappraising The Electric Paradigm in the Age of Alliance Capitalism [J]. Journal of International BusinessStudies, 1995, 26 (3): 332-337.

[131] JOHN DUNNING. Location and the Multinational Enterprise: A Neglected Facto-r? [J]. Journal of International Business Studies, 1998, 29 (1): 57-66.

[132] JOHN DUNNING, Odile E. M. Janne. Towards a Technology-seeking Explanationof U. S. Ddirect Investment in the United Kingdom [J]. Journal of InternationalManagement, 2004, 10 (1): 5-20.

[133] JAFFE, A., TRAJTENBERG, M. and R. HENDERSON. Geographic Localizatio of Knowledge Spillovers as Evidenced by Patent Citations [A]. NBER Working Papers 3993, 1993.

[134] JOHN A. CANTWELL, JOHN H. DUNNING, Odile E. M. Janne. Towards a Technology-seeking Explanation of U. S. direct investment in the United Kingdom [J]. Journal of International Management, 2004, 10 (1): 5-20.

[135] JAFFE, ADAM B. Real effects of Academic Research [J]. American Economic Review, 1989, 79 (5): 957-970.

[136] JAFFE. ADAM B. The U. S. Patent System in Transition: Policy Innovation and the Innovation Process [J]. Research Policy, 2000, (29): 531-557.

[137] JAIDER VEGA-JURADO, ANTONIO GUTIERREZ-GRACIA, IGNACIO FER-NANDEZ-DE-LUCIO. Analyzing the Determinants of Firm's Absorptive Capacit-y: beyond R&D [J]. R&D Management, 2008, 38 (4): 392-405.

[138] JANSEN J, VAN DEN BOSCH F, VOLBERDA H. Managing Potential and Realized Absorptive capacity: how do Organizational Antecedents Matters? Academy of Management Journal, 2005, 48 (6): 999-1015.

[139] JAN WAALKENS; RENE JORNA; THEO POSTMA. Absorptive Capacity of Knowledge Intensive Business Services: The Case of Architectural and Engineering SMEs [J]. FRONTIERS OF EBUSINESS RESEARCH, 2004: 444-458.

[140] JANSEN J, VAN DEN BOSCH F, VOLBERDA H. Managing Potential and Realized Absorptive Capacity: how do Organizational Antecedents Matter. Academic Management Journal, 2005, 48 (6): 999-1015.

[141] KELLER, WOLFGANG. Absorptive capacity: On the Ccreation and Acquisition of Technology in Development [J]. Journal of Developmental Economics, 1996, 49: 199-210.

[142] KELLER, WOLFGANG. Geographic Localization of International Technology Diffusion [J]. The American Economic Review, 2002, 92 (1): 120-142.

[143] KENNETH J. ARROW. The Economic Implications of Learning by Doing [J]. Review of Economic Studies, 1962, 29 (3): 157-173.

[144] KOGUT, B. and CHANG, S. J. Technological Capabilities and Japanese Direct Investment in the United States [J]. Review of Economics and Statistics, 1991, 73 (3): 401-r413.

[145] KOKKO, ARI. Productivity Spillovers from Competition between Local Firms and Foreign Affiliates [J]. Journal of Internaional Development, 1996, 8 (4): 517-530.

[146] KOKKO, ARI, TANSINI, RUBEN and ZEJAN, MARIO C. Local Technological Capability and Productivity Spillovers from FDI in the Uruguayan Manufacturing Sector [J]. Journal of Development Economics, 1996, 32 (4): 602-611.

反向知识溢出与创新绩效

[147] KOGUT BRULE, SEA JIN CHANG. Technological Ccapabilities and Japanese Foreign Direct Investment in the United States [J]. The Review of Economicsand Statistics, 1991 (73): 401-413.

[148] KIM, L. The dynamics of Samsung's Technological Learning in Semiconductors [J]. California Management Review, 1997, 39 (3): 86-100.

[149] KIM, L. Fromimitation to Innovation: Thedynamics of Korea's Technological Learning [M]. Cambridge, MA: Harvard Business School Press, 1997.

[150] KIM L. CRISIS. Construction and Organizational Learning: Apability Building in Catchingup at Hyundai Motor [J]. Organization Science, 1998, 9 (4): 506-521.

[151] KINOSHITA, YUKO. R&D and Technology Spillovers through FDI: Innovation and Absorptive Capacity [A]. C. E. P. R. Discussion Papers in its series CEPR Disc-ussion Papers with number 2775., 2000.

[152] KOZA, M. P., LEWIN, A. Y. The Coevolution of Strategic alliances. OrganizationScience, 1998, 9 (3): 255-264.

[153] KUMAR, R., NTI, K. O. Differential Learning and Interaction in Alliance Dynamics: aProcess and Outcome Discrepancy Model [J]. Organization Science, 1998, 9 (3): 356-367.

[154] KUEMMERLE, W. Foreign Direct Investment in Industrial Research in the Pharmaceutical and Electronics Industries: Results from a Survey of Multinati-onal firms [J]. Research Policy, 1999, 28 (2/3): 179-193.

[155] KUEMMERLE, W. The Drivers of Foreign Direct Investment into Research and Development:An Empirical Investigation [J]. Journal of International Busin-es Studies, 1999, 30 (1): 1-24.

[156] KOTABE, M., SWAN, K. S. The role of Strategic Alliances in High-technology New Product Development [J]. Strategic Management Journal, 1995, 16 (8): 621-636.

[157] KESIDOU, E., and OMIJIN, H. A. Do Local Knowledge Spillovers Matter for Development? [A]. Ecis WP 06-11, 2006.

[158] KESIDOU, E., CANIELS, M. C. J., ROMIJIN, H. A. Local knowledge Spillove-rs and Development: an Exploration of the Software Cluster in Uruguay [J]. Industry and Innovation, 2009, 16 (2): 247-272.

[159] LANE, P. J. and LUBATKIN, M. Relative Absorptive Capacity and Interorganizatio-

nal Learning [J]. Strategic Management Journal, 1998, (9): 461-477.

[160] LANE, P. J., SALK, J. E., LYLES, M. A. Absorptive Capacity, Learning, and Performance in International Joint Ventures [J]. Strategic Management Journal, 2001 (22): 1139-1161.

[161] LANE P. J., KOKA B, PATHAK S. The reification of Absorptive Capacity: a Critical Review and Rejuvenation of the Construct [J]. Academic Management Review, 2006, 31 (4): 833-863.

[162] LEE BRANSTETTER. Is Foreign Direct Investment a Channel of Knowledge Spillovers? Evidence from Japan's FDI in the United States [J]. Journal of Internatio-rnal Economics, 2006 (68): 325-344.

[163] LEVINSON, N. S., ASAHI, M. Cross-national Alliances and Interorganizational Learning [J]. Organizational Dynamics, 1995, 24 (2): 50-63.

[164] LYLES, M. A., &SCHWENK, C. R. 1992. Top Management, Strategy and Organization-al Knowledge Sstructures [J]. Journal of Management Studies, 1998 (29):155-174.

[165] LAW KS, WONG CS, MOBLEY WH. Toward a Taxonomy of Multidimensional Constructs [J]. Academic Management Review, 1998 (23): 741-55.

[166] LAMBE, C. J., &SPEKMAN, R. E. Alliances, External Ttechnology Aacquisition, and Discontinuous Technological change [J]. Journal of Product Innovation Manage-ment, 1997, 14 (2): 102-116.

[167] LENOX M, KING A. Prospects for Developing Absorptive Capacity through Internal Information Provision [J]. Strategic Management Journal, 2004, 25: 331-345.

[168] LIAO J, WELSCH H, STOICA M. Organizational Absorptive Capacity and Responsiveness: an Empirical Investigation of Growth-oriented SMEs [J]. Entr-epreneur Theory Practice, 2003, 28 (1): 63-86.

[169] LIM, K. The Many Faces of Absorptive Capacity: Spillovers of Copper Interco-nnect Technology for Semiconductor Chips September 28, 2000.

[170] LITTLER, D., Leverick, F., Bruce, M. Factors Affecting the Process of Collaborat-ive Product Development: a Study of UK Manufacturers of Information and Communications Technology Products [J]. Journal of Product Innovation Manage-ment, 1995, 12 (1): 16-32.

[171] LUO, Y. Partner selection and venturing success: the case of joint ventures with

firms in the People's Republic of China [J]. Organization Science, 1997, 8 (6): 648-662.

[172] LYON DW, LUMPKIN GT, DESS GG. Enhancing entrepreneurial orientation research: operationalizing and measuring a key strategic decision making proce-ss [J]. Journal Management, 2000, 26: 1055-1085.

[173] LICHTENBERG FRANK and BRUNO VAN POTTELSBERGHE DE LA POTTERIE. International R&D Spillovers: A Reexamination [A]. NBER Working Papers, No. 5668, 1996.

[174] LOVE, JAMES H. Technology Sourcing Versus Technology Exploitation: an Analysis Of US Foreign Direct Investment Flows [J]. Applied Economics, 2003, 35 (15): 1667-1678.

[175] LYLES, M. A., SCHWENK, C. R. Top management, strategy and organizational kno-wledge structures [J]. Journal of Management Studies, 1992, 29: 155-174.

[176] LECRAW, DONALD J. Outward Direct Investment by Indonesian Firms: Motivation and Effects [J]. Journal of International Business Studies, 1993, 24 (3): 589-600.

[177] MAGNUS BLOMSTROM, ARI KOKKO. Foreign Direct Investment and Spillovers of Technology [J]. International Journal of Technology Management, 2001, 22 (5):435-454.

[178] MAHNKE, VOLKER, PEDERSEN, TORBEN, VENZIN, MARKUS. The impact of knowledge management on MNC subsidiary performance: the role of absorptive capacity. Working Paper, 2005. http: // openarchive. cbs. dk/bitstream/handle/10398/6495/01-r2004-r3. pdf? sequence=1, 2004.

[179] MAKINO, S., LAU C. and YEH, R. Asset-exploitation versus Asset-seeking: Implications for Location Choice of Foreign Direct Investment from Newly Industrialized Economies [J]. Journal of International Business Studies, 2002, 33 (3): 403-421.

[180] MARIANO NIETO, PILAR QUEVEDO. Absorptive capacity, technological opportunity, knowledge spillovers, and innovative effort [J]. Technovation, 2005, 25 (10):1141-1157.

[181] MOWERYD. C., OXLEY J. E. Inward technology transfer and competitiveness : the role of national innovation systems [J]. Cambridge Journal of Economic, 1995, 19 (1):67-93.

[182] MOWERY, D. C., OXLEY, J. E., SILVERMAN, B. S. Strategic alliances and interfirm knowledge transfer [J]. Strategic Management Journal, 1996, 17: 77-91.

[183] MUTINELLIi, M., PISCITELLO, L. The entry mode choice of MNEs: An evolutio-nary approach [J]. Research Policy, 1998, 27 (5): 491-506.

[184] MANGEMATIN V, NESTA L. What kind of knowledge can a firm absorb? [J]. International Journal Technology Management, 1999; 18 (3): 149-172.

[185] MATHEWS, J. A. Competitive Adavantage of the Latecomer Firms: A Resource based Account of Industrial Catch-up Strategies [J]. A Pacific of Management, 2002, 19 (4): 467-488.

[186] MATUSIK SF, HEELEY M B. Absorptive capacity in the software industry: identifying dimensions that affect knowledge and knowledge creation activitie-s [J]. Journal Management, 2005, 31: 549-572.

[187] MARIA ABREU, VADIM GRINEVICH, MICHAEL KITSON and MARIA SAVONA. Absorptive Capacity and Regional Patterns of Innovation [EB OL], 2008. http://www.dcsf.gov.uk/rsgateway/DB/RRP/u015395/index.shtml, 2008.

[188] MINBAEVA D, PEDERSEN T, BJRKMAN I. MNC Knowledge Transfer, Subsidiary absorptive capacity, and HRM [J]. Journal of International Business Stud-ies, 2003, 34 (6): 586-599.

[189] MEGAN MACGRIVE. The determinants of international knowledge diffusion as a measured by patent citation [J]. Economics Letter, 2005, (87): 121-126.

[190] NAHAPIET, J. and S. GHOSHAL. Social Capital, Intellectual Capital, and the Organizational Advantage [J]. Academy of Management Review, 1998, 23 (2): 123-157.

[191] NICOLINI, D., MEZNAR, M. B. The social construction of organizational learning: conceptual and practical issues in the field [J]. Human Relations, 1995, 48 (7): 727-746.

[192] NARULA, RAJNEESH, MARIN, ANABEL. FDI spillovers, absorptive capacities and human capital development: evidence from Argentina [DB/OL]. http://edocs.ub.unimaas.nl/loader/file.asp?id=815. 29. 2003.

[193] NIGEL. Driffield, James. H. Love. Foreign direct investment, technology sourcing and reverse spillovers [J]. The Manchester school, 2003, 71 (6): 659-672.

反向知识溢出与创新绩效

[194] NORMAN, P. M. Knowledge acquisition, knowledge loss, and satisfaction in high technology alliances [J]. Journal of Business Research, 2004, 57 (6): 610-619.

[195] NUNO CRESPO. Determinant Factors of FDI Spillovers-What Do We Really Know? [J]. World Development, 2007, 35 (3): 410-425.

[196] NEWEY, L. R., SHULMAN, A. D. System absorptive capacity: creating early-to-market returns through R&D alliances. R&D Management, 2004, 34 (5): 495-504.

[197] NIKA MUROVE, IGOR, PRODAN. Absorptive capacity, its determinants, and influence on innovation output: Cross-cultural validation of the structural model [J]. Technovation, 2009, 29: 859-872.

[198] NONAKA I, TAKEUCHI H. The knowledge-creating company. How Japanese companies create the dynamics of innovations [M]. New York: Oxford University Press; 1995.

[199] NEVEN D. and SIOTIS G. Foreign direct investment in the Europea Community: some policy issues [J]. Oxford Review of Economic Policy, 1993, 9 (2): 72-93.

[200] NEVEN, DAMIEN and SIOTIS, GEORGES. Foreign direct investment in the European Conmmunity: Some policy issues [J]. Oxford Review of Economic Policy, 1993, 9 (2): 72-93.

[201] PATEL, P. and K. PAVITT. National systems of innovation under strain the internationalisation of corporate R&D [EB OL]. SPRU Electronic Working Papers Series 22, 1998.

[202] PARI PATEL, MODESTO VEGA. Patterns of internationalization of corporate technology: location vs. home country advantages [J]. Research Policy, 1999, 28.

[203] PENNINGS, J. M., HARIANTO, F. The diffusion of technological innovation in the commercial banking industry [J]. Strategic Management Journal, 1992, 13: 29-46.

[204] PETER J. LANE, JANE E. SALK, MARJORIE A. Lyles. Absorptive Capacity, Learning, and Performance in International Joint Ventures [J]. Strategic Management Journal, 2001, 22 (12): 1139-1161.

[205] PRADHAN, J. P. and V. ABRAHAM. Overseas Mergers and Acquisitions by Indian Enterprises: Patterns and Motivations [J]. Indian Journal of Economics, 2005, 365-386.

[206] POLANYI, M. PERSONAL. Knowledge: Towards a Post-Critical Philosophy

[M]. University of Chicago Press, Chicago, 2958.

[207] PING DENG. Investing for strategic resources and its rationale: The case of outward FDI from Chinese companies [J]. Business Horizons, 2007, 50: 71-81.

[208] QIANG TU, MARK A. VONDERMBSE, T. S. RAGU NATHAN, THOMAS W. SHARKEY. Absorptive Capacity: Enhancing the Assimilation of Time-based Manufacturi-ng Praetices [J]. Journal of Operations Management, 2006, 24 (5): 692-710.

[209] RAMKISHEN S. RAJAN. Outward Foreign Direct Investment from India: Trends, Determinants and Implications [EB/OL]. ISAS Working Paper, 2009: 1-30,

[210] ROTH, A. V., MARUCHECK, A. S., KEMP, A., TRIMBLE, D. The Knowledge Factory for Accelerated Learning Practices [J]. Planning Review, 1994, 22 (3):26-46.

[211] ROTHWELL, R. and M. DODGSON. External Linkages and Innovation in Small and Medium sized Enterprises [J]. R&D Management, 1991 (21): 125-137.

[212] RAHESH S. Upadhyayula. Social Capital as an Antecedent of Absorptive of Firms. Paper to be Presented at the DRUID Summer Conference 2004 on Industrial Roth.

[213] RIVERA-BATIZ, L. and ROMER P., Economic Integration and Endogenou Growth [J]. Quarterly Journal of Economics, 1991, 106 (2): 531-555.

[214] R. J. CALANTONE, S. T. CAVUGIL and Z. YUSHAN. Learning Orientation, Firm Innovation Capability, and Firm Performance [J]. Industrial Marketing Manageme-nt, 2002, 31: 515-524.

[215] RUCKMAN, K. Technology Sourcing through Acquisitions: Evidence from the U. S. Drug Industry [J]. Journal of International Business Studies, 2005, 36 (1): 89-103.

[216] SCHMID S. SCHUNG A. The Dvelopment of Critical Capabilities in ForeignSubsidiaries: Disentangling the Role of the Subsidiary's Business Network [J]. International Business Review, 2003, 12: 755-782.

[217] SIOTIS, GEORGES. Foreign Direct Investment Strategies and Firms'Capabilities [J]. Journal of Economics Management Strategy, 1999, 8 (2): 251-270.

[218] SHENKAR, O., Li, J. Knowledge search in international cooperative ventures [J]. Organization Science, 1999, 10 (2),: 134-143.

[219] STERNBERG T J, Horvath J A. Tacit Knowledge in Professional Practice [J].

Mahwah, NJ: Erlbaum, 1999: 207-209.

[220] STORPER, M. and VENABLES, A. J. BUZZ. The Economic Force of the City [A]. Paper presented at the DRUID Summer Conference on 'Industrial Dynamics of the New and Old Economy Who is Embracing Whom?', 2002.

[221] SHAKER A. ZAHRA GERARD George. Absorptive Capacity: A Review, Reconceptualization, and Extension [J]. Academy of Management Review 2002, 27 (2): 185-203.

[222] SIOTIS G. Foreign Direct Investment Strategies and Firms Capabilities [J]. Journal of Economics& Management Strategy, 1999, 8 (2): 251-270.

[223] SZULANSKI, G. Exploring Internal Stickiness: Impediments to the Transfer of Best Practice within the Firm [J]. Strategic Management Journal, 1996 (17): 27-43.

[224] SUSAN J. HARRINGTON, TOR GUIMARAES. Corporate Culture, Absorptive Capacity and IT Success Information and Organization, 2005, 15 (1) 39-63.

[225] SIMSEK Z, VEIGA JF. The Electronic Survey Technique: an Integration and Assessment [J]. Organization Research Methods, 2000, 3 (1): 92-114.

[226] SIMSEK Z, VEIGA JF. A Primer on Internet Organizational Surveys [J]. Organ-ization Research Methods, 2001, 4 (3): 218-235.

[227] SOO C W, DEVINNEY TM, MIDGLEY DF. External Knowledge Acquisition, Creativity and Learning in Organisational Problem Solving [J]. International Journal Technology Management, 2007, 38 (2): 137-159.

[228] STANTON JM, ROGELBERG SG. Using Internet/Intranet Web Pages to Collect Organizational Research Data [J]. Organization Research Methods, 2001, 4 (3): 200-217.

[229] SZULANSKI G. Exploring internal stickiness: impediments to the transfer of best practice within the firm [J]. Strategic Management Journal, 1996, 17: 27-43.

[230] SCHULTZ TW. Investment in human capital [J]. American Economic Review, 1961, 51 (1): 1-17.

[231] TASI, W. Knowledge Transfer in Intraorganizational Networks: Effects of Network position and Absorptive Capacity on Business unit Innovation and Performa-rnce [J]. Academy of Management Journal, 2001, 44 (5): 996-1004.

[232] KUEN-HUNG, TASI JIAN-CHYUAN WANG. External Technology Acquisition and Firm performance: A longitudinal study [J]. Journal of Business Venturing,

2008 (23): 91-112.

[233] SPENDER JC. Making knowledge the basis of a Dynamic Theory of the Firm [J]. Strategic Management Journal 1996 (17): 45-62.

[234] SYMONDS, P. M. On the Loss of Reliability in Ratings due to Coarseness of the Scale [J]. Journal of Experimental Psychology, 1924, 7: 456-461.

[235] TEECE, D. J. Foreign Investment and Technological Development in Silicon Valley [J]. California Management Review, 1992, 34: 88-106.

[236] PETER THOMPSON and FOX-KEAN, MELANIE. Patent Citations and the Geography of Knowledge Spillovers: A Reassesssment [J]. The American Econo—mic Review, 2005, 95 (1): 450-460.

[237] TEECE DJ, PISANO G, SHUEN A. Dynamic capabilities and strategic manag-ement [J]. Strategic Management Journal, 1997, 18: 509-533.

[238] TODOROVA G, DURISIN B. Absorptive Capacity: Valuing a Reconceptualizat-ion [J]. Academmic Management Review, 2007, 32 (3): 774-86.

[239] TU Q, VONDEREMBSE M, RAGU-NATHAN TS, SHARKEY T. Absorptive Capacity: Enhancing the Assimilation of Time-based Manufacturing Practices [J]. Journal Operation Management, 2006: 24 (5): 692-710.

[240] TASI, W. Knowledge Transfer in Intraorganizational Networks: Effects of Network-position and Absorptive Capacity on Business Unit Innovation and performance [J]. Academy of Management Journal, 2001, 44 (5): 996-1004.

[241] TOM, WESSON. A Model of Asset-seeking Foreign Direct Investment Driven by Demand Conditions [J]. Canadian Journal of Adiministrative Sciences, 1999, 16 (1):1-10.

[242] TOBIAS SCHMIDT. Absorptive Capacity One Size Fits All? A Firm level Anal-ysis of Absorptive Capacity for Different Kinds of Knowledge. Discussion Paper No. 72, 2005.

[243] VAN DEN BOSCH, F. A. J., H. W. VOLBERDA and M. DE BOER. Coevolution of Firm Absorptive Capacity and Knowledge Environment: Organizational Formsand Combinative Capabilities [J]. Organization Science: A Journal of the Institut-e of Management Sciences, 1999, 10 (5): 551-568.

[244] VAN DEN, WIJK, BOSCH, F.A.J. R.A.J.L. VAN, VOLBERDA, H.W. Absorptive Capacity: Antecedents, Models and Outcomes [A]. Erasmus Research

Institute of Management Working Paper NO. ERS-2003-035-STR, 2003.

[245] VANHAVERBEKE, W., DUYSTERS, G, Noorderhaven, N., 2002. External Technology Sourcing through Alliances or Acquisitions: an Analysis of the Application-specific in Tegrated Circuits Industry [J]. Organization Science, 2013 (6): 714-733.

[246] PRIIT VAHTER& JAAN MASSO. Home Versus Host Country Effects of FDI: Searching for New Evidence of Productivity Spillovers [A]. Bank of Estonia Working Papers 2005-r13, Bank of Estonia, 2005.

[247] VAN WIJK R, VAN DEN BOSCH F, VOBERDA H. The impact of knowledge depth and breadth of absorbed knowledge on levels of exploration and exploitation [A]. Paper presented at the annual meeting of the Academy of Manag-ement, Washington, DC, 2001.

[248] VANHAVERBEKE, W., BEERKENS, B., DUYSTERS, G.. Explorative and Exploitati-ve Learning Strategies in Technology based Alliance Networks [A]. Academyof Manageme-nt Best Conference Paper, 2004.

[249] VEKSTEIN D. Managing Knowledge and Corporate Performance: an Empirical Analysis of the World Automobile Industry [J]. Omega, 1998, 26 (5): 551-568.

[250] VERNON, R. nternational Investment and International Trade in the Product Cycle [J]. Quarterly Journal of Economics, 1966, (5): 276-293.

[251] VINDING AL. Absorptive Capacity and Innovative Performance: a Human Capital Approach [J]. Economic Innovation New Technology, 2006 (15): 507-517.

[252] WILBUR CHUNG and JUAN ALCACER. Knowledge Seeking and Location Choice of Foreign Direct Investment in the United States [J]. Management Science, 2002, 48 (12):1534-1554.

[253] WANG, JIAN-YE and BLOMSTROM, MAGNUS. Foreign Investment and Technology Transfer: A Simple Model [J]. European Economic Review, 1992, 136 (1): 137-152.

[254] WEIJIAN Shan, JAEYONG SONG. Foreign Direct Investment and The Sourcing of Technological Advantage: Evidence from The Biotechnology Industry [J]. Journal of International Business Studies, 1997, 28 (2): 267-284.

[255] WACKER JG. A theory of Formal Conceptual Definitions: Developing Theory Building Measurement Instruments [J]. Journal Operation Management 2004 (22):

629-650.

[256] WONG V, SHAW V, SHER PJ. Intrafirm learning in technology transfer: a study of Taiwanese information technology firms [J]. International Journal Innovation Management 1999 (3): 427-458.

[257] WOLFGANG BECKER. Technological Opportunities, Absorptive Capacities, and Innovation [M]. Volkswirtschaftliche Diskussionsreihe, 2000.

[258] YAMAWAKI, H., Location Decisions of Japanese Multinational Firms in Europ-ean Manufacturing Industries [M]. in K. Hughes (ed.), European Competitive-ness, Cambridge: Cambridge University Press, 1993.

[259] ZHANG J, BADEN-Fuller C, MANGEMATIN V. Technological Knowledge Base, R&D Organization Structure and Alliance Formation: Evidence from the Biopharmaceutical Industry [J]. Research Policy, 2007 (36): 515-528.

[260] ZAHRA, S. A., HAYTON, J. C. he Effect of International Venturing on Firm Performance: the Moderating Influence of Absorptive Capacity [J]. Journal of Business Venturing, 2009, 23 (2): 195-220.

[261] ZOLLO M, WINTER S. DELIBERATE. Learning and the Evolution of Dynamic Capabilities [J]. Organization Science, 2002 (13): 339-351.

[262] 白洁. 对外直接投资的逆向技术溢出效应——对中国全要素生产率影响的经验检验 [J]. 世界经济研究, 2009 (8): 65-69.

[263] 陈静, 李从东. 基于知识溢出的企业集群持续竞争优势的内在机理 [J]. 现代管理科学, 2009 (5): 62-64.

[264] 陈菲琼, 丁宁. 全球网络下区域技术锁定突破模式研究 [J]. 科学学研究, 2009 (11): 1641-1650.

[265] 车文博. 心理咨询大百科全书 [M]. 杭州: 浙江科技出版社, 2001.

[266] 杜群阳, 朱勤. 中国企业技术获取型海外直接投资理论与实践 [J]. 国际贸易问题, 2004 (11): 66-69.

[267] 杜强, 贾丽艳. 统计分析从入门到精通 [M]. 北京: 人民邮电出版社, 2009.

[268] 范方志, 周剑. 对外直接投资与母国技术创新 [J]. 湘潭大学社会科学学报, 2003 (5): 109-112.

[269] 郭庆旺, 贾俊雪. 中国潜在产出与产出缺口的估算 [J]. 经济研究, 2004 (5): 31-39。

[270] 黄凌云, 徐磊, 冉茂盛. 金融发展、外商直接投资与技术进步 [J]. 管理工程学报,

反向知识溢出与创新绩效

2009（3）：18-22.

[271] 黄珺，文守逊．吸收能力与战略技术联盟的创新绩效［J］．技术经济，2009（12）：1-3.

[272] 胡峰，胡靖．外商直接投资的知识溢出实证分析［J］．国际贸易问题，2006（9）：79-83.

[273] 江小娟．外资企业在中国的研发行为研究［J］．科技导报，2000（9）16-22.

[274] 金麟洙．从模仿到创新［M］．北京：新华出版社，1998.

[275] 简兆权，何紫薇，招丽珠．基于动态能力的可持续竞争优势研究综述［J］．管理学报，2009（6）：846-852.

[276] 金炳华．马克思主义哲学大辞典［M］．上海：上海辞书出版社，2003

[277] 刘明霞．我国对外直接投资的逆向技术溢出效应［J］．国际商务——对外经济贸易大学学报，2009（4）：61-67.

[278] 刘明霞，王学军．中国对外直接投资的逆向技术溢出效应研究［J］．世界经济研究，2009（9）：57-62.

[279] 刘蔚华，陈远．方法大辞典［M］．济南：山东人民出版社．1991.

[280] 李优树．对外直接投资与技术创新［J］．科学管理研究，2003（5）：11-14.

[281] 廖盖隆．马克思主义百科要览［M］．北京：人民日报出版社，1993.

[282] 刘常勇，谢洪明．企业知识吸收能力的主要影响因素［J］．科学学研究，2003，21（3）：307-310.

[283] 刘树成．现代经济词典［M］．苏州：江苏人民出版社，2005：1209.

[284] 刘凯敏，朱钟木．我国对外直接投资与技术进步关系的实证研究［J］．亚太经济，2007（1）：98-101.

[285] 李金明．企业技术创新过程中的知识替代性分析与互联网经济［J］．南开管理评论，2001（3）：19-23.

[286] 鲁桐．中国企业海外经营：在英国的实证研究［J］．世界经济，2000（4）：23-28.

[287] 林青，陈湛匀．中国技术寻求型跨国投资战略：理论与实证研究——基于主要10个国家FDI反向溢出效应模型的测度［J］．财经研究，2008（6）：86-99.

[288] 马亚明，张岩贵．技术优势与对外直接投资：一个关于技术扩散的分析框架［J］．南开经济研究，2003（4）：10-14.

[289] 彭灿，杨玲．技术能力、创新战略与创新绩效的关系研究［J］．科研管理，2009（2）：26-32.

[290] 孙兆刚，徐雨森，刘则渊．知识溢出效应及其经济学解释［J］．科学学与科学技术管

理，2005（1）：87-89.

[291] 孙建中. 技术获取型对外直接投资的选择 [J]. 生产力研究，2004（8）：9-11.

[292] 孙春媛，姚利民，王峰. 对浙江企业逆向型 FDI 的一项调查 [J]. 特区经济，2006（6）.

[293] 沈坤荣. 新增长理论与中国经济增长 [M]. 南京：南京大学出版社，

[294] 宋艳，邵云飞. 企业创新绩效影响因素的动态研究 [J]. 软科学，2009（9）：88-92.

[295] 茹玉骢. 技术寻求型对外直接投资及其对母国经济的影响 [J]. 经济评论，2004（2）：109-112.

[296] 陶然，彭正龙，光辉. 基于结构方程模型的组织认知影响创新绩效实证研究 [J]. 情报杂志，2009（8）：1-5.

[297] 陶锋. 知识溢出、吸收能力与创新绩效——基于珠三角代工企业的实证研究 [D]. 厦门：暨南大学，2009.

[298] 野中郁次郎. 知识创新型企业 [J]. 哈佛商业评论，1991.

[299] 王方华. 知识管理论 [M]. 太原：山西经济出版社，1999.

[300] 王辉. 争议我国企业的"走出去"技术寻求战略 [J]. 科技管理研究，2007（8）：164-165.

[301] 王英，刘思峰. 中国 ODI 反向技术外溢效应的实证分析 [J]. 科学学研究，2008（2）：294-298.

[302] 王志强，孙刚. 中国金融发展规模、结构、效率和经济增长关系的经验分析 [J]. 管理世界，2003（7）：13-20.

[303] 吴先明. 创造性资产与中国企业国际化 [M]. 北京：人民出版社，2008.

[304] 吴先明，糜军. 我国企业对发达国家逆向投资与技术创新关系的实证研究 [J]. 经济管理，2009（4）：57-63.

[305] 吴先明. 中国企业对发达国家的逆向投资：创造性资产的分析视角 [J]. 经济理论与经济管理，2007（9）：52-57.

[306] 武健. 知识溢出对高技术企业集群企业创新能力的影响研究——以杭州软件企业集群为例 [J]. 科技管理研究，2009（9）：343-345.

[307] 许小虎，项保华. 社会网络中的企业知识吸收能力分析 [J]. 经济问题探索，2005（10）：18-22.

[308] 冼国明，杨锐. 技术积累、竞争策略与发展中国家对外直接投资 [J]. 经济研究，1998（11）：56-63.

反向知识溢出与创新绩效

[309] 杨宇,郑垂勇. 社会资本与国民福利的关系 [J]. 财经科学,2008 (5):54-62.

[310] 徐二明,陈茵. 中国企业吸收能力对竞争优势的影响 [J]. 管理科学,2009 (2):14-23.

[311] 谢富纪,徐恒敏. 知识、知识流与知识溢出的经济学分析 [J]. 同济大学学报 (社会科学版),2001 (2):54-57.

[312] 谢申祥,王孝松,张宇. 对外直接投资、人力资本与我国技术水平的提升 [J]. 世界经济研究,2009 (11):69-74.

[313] 元莱滨,张亦辉,郑有增,周朋红,杨云. 调查问卷的信度效度分析 [J]. 当代教育科学,2003 (22):44-47.

[314] 尹冰. 中国企业对外直接投资与技术进步 [J]. 社会科学家,2003 (5):45-48.

[315] 于渤,崔崑. 企业知识吸收能力影响因素的实证研究 [J]. 哈尔滨工业大学学报 (社会科学版),2008 (1):127-132.

[316] 于冬. 企业合作创新绩效影响因素分析 [D]. 大连:大连理工大学,2008.

[317] 姚利民,孙春媛. 中国逆向型 FDI 决定因素的实证分析 [J]. 国际贸易问题,2007 (4):81-86.

[318] 张红兵,贾来喜,李潞. Spss 宝典 [M]. 北京:电子工业出版社,2007.

[319] 张宏,赵佳颖. 对外直接投资逆向技术溢出效应研究评述 [J]. 经济学动态,2008 (2):120-125.

[320] 邹玉娟,陈漓高. 我国对外直接投资与技术提升的实证研究[J]. 世界经济研究,2008 (5):70-77.

[321] 邹明. 我国对外直接投资对国内全要素生产率的影响 [J]. 北京工业大学学报 (社会科学版),2008 (6):30-35.

[322] 张宏,赵佳颖. 对外直接投资逆向技术溢出效应研究评述 [J]. 经济学动态,2008 (2):120-125.

[323] 曾剑云,刘海云,符安平. 交换威胁、技术寻求与无技术优势企业对外直接投资 [J]. 世界经济研究,2008 (2):54-59.

[324] 郑展,韩伯棠. 基于经济交叉学科的知识溢出研究 [J]. 科技进步与对策,2009 (2):116-119.

[325] 周春应. 对外直接投资逆向技术溢出效应吸收能力研究 [J]. 山西财经大学学报,2009 (8):47-50.

[326] 邹艳,张雪花. 企业智力资本与技术创新关系的实证研究 [J]. 软科学,2009 (3):71-75.

[327] 杨俊，胡玮，张宗益．国内外R&D溢出与技术创新：对人力资本门槛的检验［J］．中国软科学，2009（4）：31-41．

[328] 詹华庆．营销知识管理对创新绩效的作用研究［J］．统计与决策，2009（16）：177-179．

[329] 赵勇，白永秀．知识溢出测度方法研究综述［J］．统计与决策，2009（284）：132-135．

[330] 朱秀梅．知识溢出、吸收能力对高技术产业集群创新的影响研究［D］．长春：吉林大学，2006．

[331] 赵伟，古广东，何元庆．外向FDI与中国技术进步：机理分析与尝试性实证［J］．管理世界，2006（7）：53-59．

附录 "我国企业对外直接投资反向知识溢出"问卷调查

尊敬的负责人：

您好

我们是中国企业对外直接投资发展战略项目组。此次问卷调查的目的是了解中国企业对发达国家投资以获取东道国智力资源和信息的情况。您的见解和意见对我们的调查项目研究至关重要。问卷匿名填写，我们将以职业态度对您的问卷严格保密，只在内部范围内做统计和建议依据使用。请您协助填写问卷，感谢您的积极参与和支持！

一、企业基本情况

1. 企业名称_____
2. 企业总部所在地_____
3. 企业成立时间_____
   A. 5年以下　　B. 5~10年　　C. 10~20年　　D. 20年以上
4. 企业性质_____
   A. 国有　　B. 民营　　C. 中外合资　　D. 外商独资
   E. 其他
5. 企业2008年销售收入_____
   A. 3 000万以下
   B. 3 000万~3亿
   C. 3亿~10亿
   D. 10亿~20亿
   E. 20亿~50亿
   F. 50亿~100亿
   G. 100亿以上
6. 企业所在行业_____
   A. 生物医药
   B. 纺织服装

附录 "我国企业对外直接投资反向知识溢出"问卷调查

  C. 化工   D. 电子、电气

  E. 交通运输设备   F. 机械制造

  G. 其他

7. 企业是否已经对发达国家进行了直接投资_____

  A. 有   B. 没有

二、请您根据企业自身特点以及企业在发达国家投资项目的情况，对下列陈述的认同程度做出判断，并根据您确定的选项打"√"。

指标	非常不同意	不同意	有些不同意	一般	有些同意	同意	非常同意
大多数企业员工有良好的专业背景							
大多数员工受到了良好的培训							
大多数员工具备本岗位所需的知识和技能							
大多数员工在企业工作年限较长							
大学本科以上学历员工占总人数比例高于行业平均水平							
企业拥有大量的国际化高级技术和管理人才							
企业在海外子公司拥有较高比例的当地员工							
企业高层管理者具有开阔的国际化视野							
企业高层管理者具有很强的国际化经营能力							
同行业中企业用于新产品开发的经费支出较多							
同行业中企业用于工艺改进的经费支出较多							
同行业中企业用于技术引进的经费支出较多							

反向知识溢出与创新绩效

续表

指标	非常不同意	不同意	有些不同意	一般	有些同意	同意	非常同意
同行业中企业海外研发经费支出较多							
研发人员占总员工人数的比例高于行业平均水平							
与东道国同行业企业建立了广泛的合作关系							
与东道国当地客户建立了广泛的合作关系							
与东道国当地供应商建立了广泛的合作关系							
与东道国当地大学和科研机构建立了广泛的合作关系							
与东道国管理咨询服务机构建立了广泛的合作关系							
与东道国政府机构建立了广泛的合作关系							
双方定期开展多层次的非正式交流和互动							
双方的信息交流及时、可靠							
双方愿意保持长期稳定的合作关系							
双方认为彼此值得信赖							
双方对交往过程感到满意							
双方有共同的经营目标和发展理念							
双方在交往过程中较少发生冲突							
企业实施了绩效为导向的薪酬制度							
企业员工获得了充分的授权							
企业员工获得了大量的工作轮换机会							
企业员工定期接受培训和学习							

附录 "我国企业对外直接投资反向知识溢出"问卷调查

续表

指标	非常不同意	不同意	有些不同意	一般	有些同意	同意	非常同意
企业积极开展团队合作							
企业内部建立了高效的知识交流和共享机制							
企业已经形成了开放型的企业文化							
企业已采用矩阵式的组织结构							
企业能从东道国获得大量先进的专利技术							
企业能从东道国获得大量先进的技术和管理文件资料							
企业能通过人员直接交流和互动从东道国获得大量的综合管理经验							
企业能通过人员直接交流和互动从东道国获得大量的市场营销经验							
企业能通过人员直接交流和互动从东道国获得大量的生产运作经验							
企业能通过人员直接交流和互动从东道国获得大量的新产品开发经验							
企业开展海外投资后，专利申请数量明显增加							
企业开展海外投资后，新产品销售收入占总收入比例明显增加							
企业开展海外投资后，产品质量明显提高							
企业开展海外投资后，产品生产周期明显缩短							
企业开展海外投资后，产品生产成本明显降低							

反向知识溢出与创新绩效

续表

指标	非常不同意	不同意	有些不同意	一般	有些同意	同意	非常同意
企业开展海外投资后,市场营销能力明显增强							
企业开展海外投资后,综合管理水平明显提高							

三、问卷填写者个人信息。

1. 您在企业(公司)主要负责_____

  A. 综合管理　　B. 市场营销　　C. 研发　　　　D. 生产

  E. 财务　　　　F. 采购　　　　G. 其他

2. 您的职位是_____

  A. 高层管理者　　　　　　B. 中层管理者

  C. 基层管理者　　　　　　D. 普通员工

3. 您在目前企业工作的时间_____

  A. 1年以内　　B. 1~3年　　C. 3~5年　　D. 5年以上

如果您需要阅读相关研究成果,烦请您提供联系方式。为方便寄送,请您填写电子邮箱!

姓名:_____

公司名称:_____

E-mail:_____

再次对您的参与表示衷心的感谢!